D0494485

MANIFESTE POUR LE DROIT À L'INFORMATION

PRESSES DE L'UNIVERSITÉ DU QUÉBEC
Le Delta I, 2875, boulevard Laurier, bureau 450
Québec (Québec) G1V 2M2
Téléphone : 418-657-4399 • Télécopieur : 418-657-2096
Courriel : puq@puq.ca • Internet : www.puq.ca

Diffusion / Distribution :

CANADA et autres pays

PROLOGUE INC.
1650, boulevard Lionel-Bertrand
Boisbriand (Québec) J7H 1N7
Téléphone : 450-434-0306 / 1 800 363-2864

FRANCE

AFPU-DIFFUSION
SODIS

BELGIQUE

PATRIMOINE SPRL
168, rue du Noyer
1030 Bruxelles
Belgique

SUISSE

SERVIDIS SA
Chemin des Chalets
1279 Chavannes-de-Bogis
Suisse

CLAUDE JEAN DEVIRIEUX

MANIFESTE POUR LE DROIT À L'INFORMATION

DE LA MANIPULATION À LA LÉGISLATION

2009

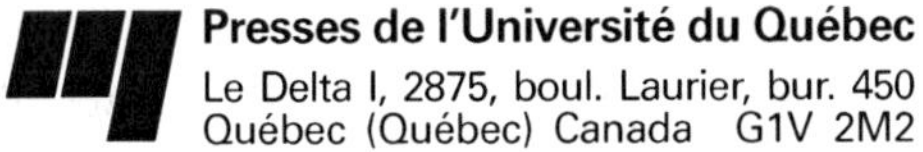

Catalogage avant publication de Bibliothèque et Archives nationales du Québec et Bibliothèque et Archives Canada

Devirieux, Claude Jean

Manifeste pour le droit à l'information: de la manipulation à la législation

Comprend des réf. bibliogr. et un index.

ISBN 978-2-7605-2365-4

1. Liberté d'information. 2. Liberté d'information – Canada. I. Titre.

K3255.D48 2009 342.08'53 C2009-940057-X

Nous reconnaissons l'aide financière du gouvernement du Canada par l'entremise du Programme d'aide au développement de l'industrie de l'édition (PADIE) pour nos activités d'édition.

La publication de cet ouvrage a été rendue possible grâce à l'aide financière de la Société de développement des entreprises culturelles (SODEC).

Mise en pages: PRESSES DE L'UNIVERSITÉ DU QUÉBEC

Couverture: RICHARD HODGSON

1 2 3 4 5 6 7 8 9 PUQ 2009 9 8 7 6 5 4 3 2 **1**

Dépôt légal – 1er trimestre 2009
Bibliothèque et Archives nationales du Québec / Bibliothèque et Archives Canada
Imprimé au Canada

REMERCIEMENTS

Je tiens à remercier Éric Kandel, Florian Sauvageau et Pierre Trudel qui m'ont prodigué remarques et conseils et fourni certains éléments de cet ouvrage ainsi que Céline Fournier qui a accepté de risque de le publier et Marie-Noëlle Germain qui en a materné la production.

TABLE DES MATIÈRES

AVANT-PROPOS

Sentant l'information menacée au Canada depuis 1968 mais surtout depuis la crise d'Octobre 1970, j'avais publié un essai qui se voulait la défense et l'illustration du droit à l'information (*Manifeste pour la liberté de l'information*, 1971). C'était un livre «pionnier» de l'avis de Pierre Trudel, directeur du Centre de droit public de la Faculté de droit de l'Université de Montréal. Il fallut attendre l'ouvrage de ce dernier, en collaboration (*Le droit à l'information*, 1981), pour avoir une suite et un approfondissement du sujet. Depuis, mis à part des recueils de textes publiés à l'occasion de colloques, l'étude du droit à l'information n'a pas suscité grand intérêt.

L'information serait-elle moins menacée qu'en 1971 ? La réponse est non: le lock-out des journalistes du *Journal de Québec* et le drame de TQS en sont la preuve. Est-il moins nécessaire d'être bien informé que dans les années d'effervescence 1960-1970? La réponse est non: la société est de plus en plus compliquée et le monde affronte des dangers nouveaux. L'information est-elle différente de ce qu'elle était naguère? La réponse est oui. Les changements climatiques engendrent un sentiment d'insécurité, la dépendance envers des technologies de plus en plus complexes et envahissantes nous rend plus vulnérables, les lois et les règlements sont plus nombreux et plus contraignants, les autorités publiques sont plus tatillonnes et plus sévères, l'opinion publique est plus éveillée et plus méfiante et les groupes de pression sont plus actifs. Par ailleurs, le jeu de pouvoir entre Ottawa et Québec continue à inciter nos dirigeants à faire des déclarations ayant plus à voir avec leur intérêt immédiat qu'avec la réalité, et les deux gouvernements cherchent à compenser leur faiblesse par une action louvoyante, des tractations secrètes et une discrétion publique, surtout à Ottawa d'ailleurs, où les correspondants parlementaires accusent régulièrement le gouvernement de manquer de transparence.

En 1971, la nouveauté du sujet, la curiosité des auditoires, la confrontation avec les étudiants, l'obligation de répondre à des questions précises m'ont vite convaincu qu'il me fallait approfondir la matière. J'ai donc rédigé un second ouvrage plus fouillé qui se serait adressé à un auditoire plus vaste que celui, relativement restreint, du Québec et que j'avais intitulé *La lutte pour le droit à l'information*. Mais j'avais produit une « brique » d'au moins 500 pages, impubliable, et des difficultés personnelles et professionnelles m'avaient empêché de le réduire. Je suis maintenant disponible, mais l'ouvrage primitif est dépassé. Non pas les principes, qui demeurent immuables, mais les circonstances ont changé, les sociétés ont évolué ; les références et les exemples cités paraissaient obsolètes et il fallait se livrer à un travail d'actualisation en profondeur. Par ailleurs, la pratique du métier de conseiller et de formateur en communication au cours des vingt dernières années m'a permis de considérer le phénomène information d'un œil différent.

De quelle information s'agit-il ? Mais de toute l'information dont nous faisons notre profit dans la vie de tous les jours, y compris celle qui est communiquée par les journaux, la radio et la télévision, mais pas seulement. Car la société, inquiète et désemparée devant les changements planétaires en cours, qu'ils soient sociaux, économiques, technologiques, climatiques, religieux ou politiques, revendique de plus en plus son droit de savoir ce qui se passe dans tous les domaines. On veut connaître aussi bien le contenu de son dossier médical, l'origine et la composition de tel aliment, les mesures prises pour assainir les eaux de la rivière, le résultat de telle action administrative, etc., que ce qui se passe aux antipodes. Il ne s'agit donc plus seulement de l'information véhiculée par les journaux, la radio et la télévision comme il y a encore vingt ans, puisqu'elle ne concerne plus uniquement la politique des gouvernements ou les faits divers et n'émane plus uniquement des milieux officiels, mais embrasse tous les secteurs de l'activité humaine. Les médias traditionnels, journaux, radio et télévision, continuent et continueront longtemps de nous informer sur ce qui se passe dans le monde mais ils ne sont plus seuls. Internet se développe et constitue un formidable organe d'information accessible jour et nuit et ignorant les fuseaux horaires, les frontières et les règles qui régissent les métiers de l'information classique.

Nous verrons en premier lieu que le besoin d'information est universel. Nous tenterons d'ailleurs de montrer que l'information n'implique pas uniquement des valeurs morales et sociétales, mais qu'elle repose sur une assise biologique, ce qui ouvre des perspectives juridiques nouvelles et rend caduques nombre de nos règles de droit. Dans ce domaine, je me suis limité au Québec et au Canada où, en raison des circonstances, l'information générale est régie par des législations fédérale et provinciale qui parfois se complètent, parfois se chevauchent ou se répètent, laissant en chemin quelques vides juridiques qu'il faudrait combler.

Dans le domaine des médias, la tendance à la concentration s'est renforcée. Les entreprises de presse sont maintenant, et plus que jamais, des conglomérats traitant l'information comme un produit de grande consommation destiné au public le plus large possible et soumis à la loi du profit. D'où une recherche constante de tout ce qui peut augmenter les tirages et les cotes d'écoute. Dans ces conditions, et de l'aveu même des journalistes de moins en moins nombreux pour couvrir la même actualité, la sécurité d'emploi a tendance à reléguer au second plan l'adhésion aux principes déontologiques et l'ardeur pour les défendre. Un cadre législatif est nécessaire.

En résumé, nous nous proposons de :

- rappeler que l'information est un besoin vital qui conditionne la survie ou la qualité de vie des individus et de la collectivité;
- démontrer, à partir des plus récents travaux scientifiques, qu'une information partiale, viciée ou pervertie peut porter atteinte aux facultés mentales permettant à l'homme d'appréhender et de comprendre son environnement;
- revendiquer le droit du public à l'information comme étant le fondement d'un comportement conforme à la finalité de l'homme et qu'il ne peut s'exercer que dans un climat de liberté;
- énumérer et analyser les différentes limitations que la société a établies afin de respecter les autres droits et libertés;
- montrer, en nous appuyant sur des exemples vécus, combien la libre circulation de l'information est vulnérable, sinon fragile, face aux intérêts qu'elle dérange;

- faire la nomenclature des institutions qui actuellement régissent et protègent le droit à l'information et en évaluer l'efficacité;
- proposer un cadre institutionnel modèle qui garantirait le libre exercice de ce droit et de cette liberté et qui renforcerait notre système démocratique.

Claude Jean Devirieux

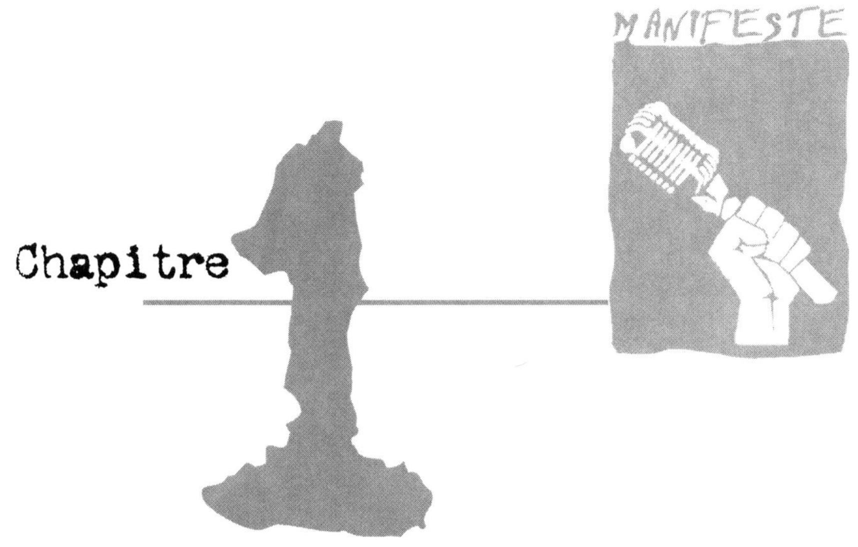

LE BESOIN D'INFORMATION

La détresse des gens qui, en raison de l'âge, d'une maladie ou d'une appartenance à une langue étrangère, ne peuvent pas ou plus se tenir informés nous prouve que l'information est un besoin naturel. La société s'est tellement complexifiée que, pour s'y comporter de manière satisfaisante pour nous et pour les autres, il faut un bagage de connaissances tel qu'il est impossible de l'obtenir sans aide. La lecture du journal quotidien ne suffit plus, pas plus que l'écoute des émissions d'information à la radio et à la télévision. Si nous sommes branchés, nous fouillons dans Internet; si nous en avons les moyens, nous avons recours à des conseillers. Depuis quelques décennies, nous assistons à une prolifération de conseillers – en assurance, droit, santé, sécurité, affaires: affaires légales, affaires sociales, immobilier, finances, fiscalité, orientation professionnelle, alouette! – qui nous fournissent les informations répondant à tous nos besoins. Ces besoins sont grands et multiples. On peut les classer.

1.1 Besoin biologique

DE L'ANIMAL À L'HOMME

Quand nous observons les animaux en liberté, nous sommes toujours étonnés de les voir nous épier, nous surveiller, émettre cris ou pépiements, puis reprendre leur activité, aller et venir, toujours scrutant, examinant, flairant, fouillant, grattant, vérifiant dans une attitude de quête et de question continuelles. Quête incessante d'informations pour savoir s'il y a de la nourriture et si elle leur convient, pour prévoir le danger et pour l'éviter, pour chercher un partenaire sexuel et rassembler les matériaux de la tanière ou du nid. En fait, nous avons la nette impression qu'à part manger et se reposer, les animaux passent le plus clair de leur temps à s'informer. C'est pour eux une question de survie individuelle et collective. On trouve dans la savane africaine des lions atteints de la cataracte qui, n'ayant plus une représentation exacte de leur environnement, s'enferment dans une profonde mélancolie en attendant de mourir de faim au milieu des gazelles, des zèbres et des gnous. L'information est pour les animaux un besoin vital.

Mais pour les hommes ? Au risque de choquer, nous pouvons déduire de tous nos comportements que, au même titre que nos frères inférieurs, nous faisons tout notre possible pour vivre et survivre à la fois en tant qu'individu et en tant qu'espèce. D'après Henri Laborit (1970a), la finalité de tout organisme vivant, y compris l'homme, c'est le maintien de sa structure et il n'y parvient qu'en agissant sur son environnement, environnement qu'il ne peut appréhender que par la connaissance, c'est-à-dire par l'information et par l'expérience : « Le but essentiel de l'homme est la connaissance indispensable à sa survie » (1970a, p. 42). Le besoin d'information est donc un besoin biologique.

DU PRIMITIF À L'HOMME MODERNE

Avec le temps et au point où nous en sommes, l'homme a maîtrisé son milieu naturel. À part la fatigue provoquée par la canicule, la peur de se mouiller sous la pluie ou de prendre froid l'hiver, l'homme ne craint plus son environnement immédiat. Sauf qu'autrefois, pour connaître le temps qu'il faisait, nous regardions par la fenêtre ou mettions le nez dehors alors que maintenant, nous regardons Météomédia. Par contre, à cause du manque d'information sur les effets de nos actions (ou de l'aveuglement dans lequel nous nous complaisons), nous sommes en train de souiller, peut-être même de détruire notre niche écologique, que ce soit au niveau de la région, du pays, du continent, voire de la planète entière. Nous commençons à vraiment paniquer devant des phénomènes que nous ne contrôlons plus tels que le réchauffement du globe, les changements climatiques appréhendés et leurs répercussions sur les sociétés. Nous paniquons d'autant plus que ceux-ci devant se produire dans le futur, nous ne possédons sur eux aucune information sûre. Mais nous savons que sont menacés nos modes de vie, la survie d'individus et la survie, sinon de l'humanité entière, du moins de sociétés entières.

Dans la vie quotidienne, nous avons besoin de connaître la composition de nos aliments, s'ils contiennent des gras trans, des traces d'engrais chimiques, trop de sel ou de sucre et comment les préparer. Nous avons besoin de savoir comment monter l'appareil que nous venons d'acheter et nous protestons quand le mode d'emploi est incompréhensible, mal traduit ou pas traduit du tout. Nous avons besoin de savoir si les jouets que nous achetons pour nos enfants contiennent du plomb toxique.

Le besoin d'information de l'homme moderne est donc un besoin biologique, tout comme était biologique et vital pour les australopithèques qui nous ont précédés le besoin d'information sur la forêt, la savane ainsi que sur les proies et les prédateurs qui s'y cachaient. Survivre, telle était la motivation du premier d'entre eux qui s'est servi d'un caillou comme assommoir et qui, l'ayant brisé après avoir raté sa cible, constatant qu'elle présentait un tranchant, a utilisé cette information nouvelle pour imaginer un outil nouveau, la hache. Le besoin d'information s'est intellectualisé mais nous ne faisons que suivre nos prédécesseurs. Nous passons ainsi tout naturellement de la brûlure sur le tuyau du poêle aux normes de sécurité concernant les incendies et du débordement de la rivière aux normes de construction en zone inondable en passant par les reportages de la presse sur les incendies et les inondations.

1.2 Besoin psychologique

DE L'ANGOISSE À LA CURIOSITÉ

Nous avons d'autres préoccupations que biologiques. L'homme n'est pas qu'un organisme vivant; il est aussi un être pensant capable de se représenter comme individu et comme membre d'une communauté dans le temps et dans l'espace. Nos craintes face à la maladie et à la mort, la nôtre et celle des autres, nos inquiétudes devant le manque de ressources, devant l'avenir de notre environnement, nos colères à l'égard des organisations qui continuent à le détruire et des gouvernements qui n'agissent pas nourrissent des espoirs et se doublent d'un attachement à certains êtres et à certaines valeurs.

Or toutes ces craintes, ces colères, ces valeurs, ces espoirs concernent le problème fondamental de notre survie en tant qu'individu et en tant qu'espèce. Dans toutes les sociétés, l'homme a constamment besoin de sécurité et d'être rassuré. D'où cet engouement pour toutes les informations concernant non seulement le temps qu'il va faire, mais les maladies, les accidents, les blessures, les meurtres sanguinolents qui, Dieu merci, touchent surtout les autres mais qui pourraient bien nous affecter nous aussi et qui conditionnent la survie d'individus et de groupes sociaux. D'où cette curiosité pour toutes les histoires d'amour et de sexe qui, indépendamment du plaisir que la chose procure, conditionnent la perpétuation de l'espèce. D'où cet intérêt pour toutes les atteintes à la propriété individuelle et collective ainsi qu'à l'environnement qui, elles, menacent notre santé économique ou sanitaire en tant que consommateurs, contribuables ou habitants d'une région.

DE LA CURIOSITÉ AU CONFORT INTÉRIEUR

Craintes, colères, espoirs, engouements, attachements constituent les trois « S », pour Sang, Sexe, Scandale, dont se nourrissent toutes les cultures depuis la nuit des temps. Entre autres : les récits bibliques, les exploits des dieux grecs, la guerre de Troie, le martyrologe chrétien, Ali-Baba et les 40 voleurs, les invasions barbares, Tristan et Iseult, les guerres de religion, la découverte de l'Amérique, les révolutions américaine et française, la conquête du Far West, les deux grandes guerres mondiales, l'aviation et l'exploration spatiale, la naissance et la chute du communisme, Marilyn Monroe et Brigitte Bardot, le féminisme et la pilule, le « bogue » de l'an 2000, la montée de l'islam, l'Irak et le réchauffement de la planète, tous événements réels ou inventés qui ont nourri l'actualité et comblé le besoin des hommes de savoir ce qui se passe.

Nous sommes animés par un désir constant de voir, de savoir, de connaître et de nous instruire qui est justement la définition usuelle de la curiosité. Mais la curiosité s'est intellectualisée, du fait peut-être que notre niveau d'instruction et de culture est plus élevé. Nous voulons écouter le dernier disque, lire le dernier roman, étudier cette nouvelle théorie sur tel ou tel sujet, aller voir cette exposition ou ce spectacle dont tout le monde parle. Et si nous ne pouvons pas, nous voulons, à tout le moins, entendre et lire ce qu'en pensent les autres.

Ce n'est peut-être pas un besoin vital, nous pouvons vivre sans avoir écouté ce disque, lu ce livre ou vu cette pièce de théâtre. Mais c'est un besoin de sécurisation très fort. Quand nous ne sommes pas ou quand nous ne sommes plus au courant de ce qui se passe autour de nous, nous nous sentons sinon isolés, du moins en déséquilibre avec notre milieu et cette inadaptation provoque fréquemment un sentiment de rejet, d'inquiétude, voire d'anxiété et d'angoisse. D'ailleurs, ce besoin d'informations socioculturelles est tel que, lorsqu'il n'y en a pas, nous en inventons. Les croyances, les rumeurs, et toutes les histoires merveilleuses ou horribles de toutes les mythologies du monde sont nées de l'absence d'informations.

1.3 Besoin social

L'INTÉGRATION AU MILIEU

Notre besoin d'information ne concerne donc pas seulement notre environnement physique, il s'applique aussi à notre environnement socioculturel. Tout comme l'enfant, l'adulte éprouve le besoin de s'intégrer à son milieu. Ce milieu qui, il y a encore un siècle, se limitait pour la majorité au village ou au quartier où la vie se déroulait selon des us et coutumes, des rites, qui paraissaient immuables, s'étend maintenant à la ville, à la province, au pays et même à la terre entière.

Nous parlons aujourd'hui de mondialisation, nous parlions il y a vingt ans d'accélération de l'histoire et, pour reprendre une expression de Marshall McLuhan, notre « village global » évolue à toute vitesse. Il ne se passe pas de jour sans que, au plan local, régional, national et international, un problème nouveau ne surgisse qu'on tentera de régler par une législation, une réglementation, une interdiction nouvelle. La société se structure, se complexifie et prend de plus en plus un caractère contraignant, oppressif. L'individu s'aperçoit que certaines de ses activités qu'il considérait comme normales, comme allant de soi, sont maintenant moins efficaces, limitées, voire prohibées : on ne peut plus avoir avec soi sa trousse de toilette quand on voyage en avion !

La limitation de notre liberté est perçue, sinon comme une agression, au moins comme une oppression. Pour y faire face, nous avons besoin de nous défendre, il nous faut des armes nouvelles que seule peut nous fournir l'information. Le 10 mai 1972 à 9 h 30 à Sept-Îles, pendant la grève de la fonction publique, des syndiqués, mécontents des reportages diffusés par le poste de radio CKCN, ont envahi les studios, chassé le personnel de la station et mis en ondes leurs propres bulletins d'information dans l'espoir d'obtenir l'appui de la population. Appui qu'ils auraient sans doute obtenu si, en fin de soirée, un détachement de 75 policiers provinciaux, venus de

Montréal dans un avion de l'armée canadienne, n'avait pas pénétré dans la ville et fait évacuer le poste de radio. C'était, à notre connaissance, la première fois qu'un groupe social de la base s'emparait par la force d'un média pour promouvoir ses intérêts.

LA RÉGULATION INTRA- ET INTERCOMMUNAUTAIRE

Le besoin social d'information peut être purement utilitaire. Remplir correctement sa déclaration de revenus, comprendre quelque chose aux programmes, méthodes et bulletins scolaires, s'initier aux paiements par Internet, maîtriser le fonctionnement des nouveaux parcomètres, etc., sont des opérations indispensables si l'on veut vivre en harmonie avec la société mais que l'on ne peut accomplir sans un minimum d'informations. Inversement, la société exige que vous soyez en possession de ces informations pour pouvoir fonctionner : nul n'est censé ignorer la loi mais si tout le monde l'ignore, c'est l'anarchie.

Or la société a besoin d'évoluer dans l'ordre, de façon équilibrée. Il faut entendre équilibre dynamique mais stable, c'est-à-dire celui d'un corps en mouvement sollicité par des forces qui n'altèrent en rien ce mouvement, par opposition à équilibre statique, soit celui d'un corps sollicité par des forces qui s'annulent. La nécessité dans laquelle se trouvent les hommes d'emprunter sans cesse aux autres groupes sociaux, d'échanger tant dans le domaine des biens que dans celui des idées, crée une espèce de déséquilibre continuel d'un groupe d'âge à l'autre, d'un groupe social à l'autre, et c'est la recherche d'un nouvel équilibre qui produit indéfiniment ce mouvement d'évolution.

Une société qui ne reçoit pas d'information de l'extérieur est une société figée : on trouve encore parfois en Amazonie ou en Nouvelle-Guinée des tribus primitives isolées, en équilibre parfait à la fois avec leur environnement physique et avec elles-mêmes. Parfaitement adaptées à leur milieu, n'entretenant aucun échange avec l'extérieur, ces sociétés sont cependant si fragiles que, habituellement, il suffit de la commotion produite par l'arrivée massive de toutes les nouvelles informations apportées par l'homme blanc pour entraîner leur mort culturelle.

Jamais les hommes n'ont été dépendants et solidaires les uns des autres comme nous le sommes actuellement : le réchauffement de la planète risque de ruiner des régions entières et de provoquer des migrations massives ; pour enrayer ce mouvement, d'ailleurs déjà amorcé, il faut donner aux populations défavorisées les moyens de se développer et de se défendre, donc de s'industrialiser, accélérer la mondialisation, ce qui inévitablement, va provoquer chez nous délocalisations d'entreprises et chômage.

Pour répondre à cette évolution continuelle qui la rend de plus en plus complexe, la société a en outre besoin de structures et d'actions de plus en plus spécialisées. Nous créons chaque jour des secteurs spécialisés, des spécialités et des spécialistes. Ce faisant, nous créons des compartiments parfois si étanches que ceux qui y œuvrent ignorent ce que font les autres et ne se comprennent plus. Ne demandez pas à un oto-rhino-laryngologiste de soigner les maladies de la peau ou à un dermatologue de faire un accouchement..., si bien qu'on a assisté ces dernières années à la création d'une nouvelle spécialité médicale, celle des généralistes! Plus la société sera spécialisée, plus on aura besoin de l'interdisciplinarité et de l'échange d'informations pour poursuivre notre évolution. Dans les sociétés d'insectes où les groupes et les individus sont parfaitement spécialisés, l'ordre social règne et la collectivité, forte de son équilibre interne, réalise avec l'environnement un équilibre externe hautement satisfaisant. Mais les sociétés d'insectes ont cessé d'évoluer.

1.4 Besoin économique

LE TRAVAIL

Pour survivre dans son environnement physique et social et s'y sentir à l'aise, l'homme doit donc le connaître, se tenir au courant de l'évolution des choses et des gens, agir sur cet environnement et il ne peut le faire qu'en dépensant une certaine quantité d'énergie: c'est le travail. Notre action sur l'environnement sera d'autant plus efficace que le travail reposera sur des techniques plus perfectionnées. Il a dû en falloir des recherches et des échanges d'informations pour que l'australopithèque passe de la pierre taillée à la pierre polie! Il ne fallait pas seulement trouver des pierres en abondance, encore fallait-il que l'on trouve les bonnes et que l'on invente ou imite des techniques de polissage.

Le travail s'est intellectualisé. Les États-Unis sont devenus la première puissance économique du monde, non seulement parce qu'ils disposent de vastes réserves de matières premières et de capitaux et d'une énorme machine de guerre, mais aussi parce qu'ils ont su et savent encore attirer chez eux des savants et des spécialistes du monde entier avec tout leur bagage de connaissances. En cette ère de mondialisation, les échanges de technologies deviennent de plus en plus fréquents : on n'exporte plus tellement les biens en tant que tels mais les informations qui permettront de les produire sur place à moindre coût. La Chine, non seulement attire hommes d'affaires, capitaux et techniciens, mais elle achète les technologies pour produire chez elle les matériels qui lui permettront de concurrencer chez eux les auteurs de ces technologies.

LA PREMIÈRE MATIÈRE PREMIÈRE

Au fur et à mesure que le travail diminue, le besoin d'information augmente. Les technologies se perfectionnent, les machines remplacent l'homme, le travail physique tend à disparaître pour céder la place à des activités de programmation d'ordinateurs et de surveillance d'outils robotisés. Dès 1968, Marshall McLuhan affirmait que l'information deviendrait la première matière première et que toute l'activité des hommes consisterait à chercher, recueillir et diffuser de l'information.

On en est là ; ce besoin d'information-matière première est tel de nos jours que l'espionnage n'est plus exclusivement politique ou militaire, il est de plus en plus industriel. L'information est un moyen d'autodéfense des peuples. Il semble y avoir un lien direct, d'ailleurs, entre le niveau de développement économique des pays et leurs infrastructures informationnelles : c'est dans les pays du G8, considérés comme les plus puissants du monde, que l'on trouve le plus grand nombre d'établissements d'enseignement supérieur, de chaînes de journaux, de stations émettrices et de récepteurs de radio et de télévision ainsi que de foyers branchés sur Internet.

1.5 Besoin politique

L'OUTIL DE PARTICIPATION

L'information étant un besoin biologique, psychologique, social et économique, elle est inévitablement devenue un besoin politique. Ne serait-ce que pour savoir quelles sont les décisions des gouvernements et les lois dans les domaines qui nous affectent et, venu le temps des élections, quels sont les partis en lice, leurs programmes, leurs leaders, leurs candidats. C'est donc un outil de participation politique. À la fin du XVIIIe siècle, le président américain Jefferson disait: « Le fonctionnement de nos gouvernements dépendant de l'opinion du peuple, le tout premier objectif devrait être de le maintenir informé; et si j'avais à décider si nous devrions avoir un gouvernement sans journaux ou des journaux sans gouvernement, je n'hésiterais pas un moment pour préférer la dernière solution. Mais j'ajouterais que chaque homme devrait les recevoir et être capable de les lire. » (Hohenberg, 1971, p. 69; traduction libre).

L'OUTIL DE GOUVERNEMENT

L'information est aussi un outil de gouvernement. Historiquement, ce sont les rois qui les premiers ont établi les services de messagerie et de poste. Outre la nécessité de publier les lois et les règlements et de transmettre les ordres, les gouvernements ont l'obligation de répondre de leurs actes lors de la période de questions dans les parlements. Comme ces périodes de questions ne suffisent pas à répondre aux demandes d'informations des représentants de la population, il existe des commissions parlementaires spécialisées dans les divers aspects de la politique: finances, santé, défense nationale, etc.

Par ailleurs, l'action des gouvernements devenant de plus en plus diversifiée et complexe et leurs services étant de plus en plus ramifiés, la plupart d'entre eux ont été forcés de mettre sur pied des mécanismes d'information interne dans le sens vertical et dans le sens horizontal de façon que les ministres, comme certains s'en sont déjà plaints, n'apprennent pas dans les journaux les décisions prises par leurs fonctionnaires! Enfin, comme notre système politique fondé sur la représentation géographique de la population ne permet pas de savoir quels sont les besoins et les réactions des différentes couches et des différents groupes socioéconomiques, les gouvernements utilisent les sondages d'opinion ou se basent sur les comptes rendus journalistiques pour orienter leur politique et prendre leurs décisions.

Pour faire pendant à nos travailleurs de Sept-Îles, chaque fois que dans le monde survient un coup d'État, la première chose que font les insurgés est de s'emparer de la station de radio et de télévision pour diffuser leur proclamation et leur programme.

LE FACTEUR DE L'ÉVOLUTION

Depuis les *Acta diurna* que Jules César faisait afficher dans Rome et qui contenaient le résumé de l'activité du Sénat jusqu'aux journaux diffusés sur Internet en passant par les annonces du crieur public dans les villes du Moyen Âge, les premières gazettes imprimées du XVIIe siècle, les journaux d'opinion apparus lors des révolutions américaine et française, la presse à grand tirage, les téléjournaux actuels et les chaînes d'information continue, l'évolution politique des peuples a toujours été conditionnée par l'information.

C'est pourquoi les États totalitaires ont toujours tenté d'utiliser l'information pour servir leur politique : les gouvernements nazis ou communistes avaient établi un régime de contrôle strict de l'information, censurant tout ce qui pouvait nuire à leurs intérêts. Et si le rideau de fer s'est effondré, outre le fait que les peuples ne peuvent supporter longtemps l'oppression, c'est en grande partie parce qu'ils avaient besoin de savoir ce qui se passait ailleurs et qu'ils y parvenaient, l'information se faisant par les échanges commerciaux et culturels et par les ondes de la radio et de la télévision qui se jouent des frontières et des « murs de Berlin ». Une société qui n'évolue pas est une société révolue, mûre pour la révolution.

1.6 Du besoin au droit

L'INFORMATION ET LES INFORMATIONS

Il devient indispensable de préciser le sens d'information (au singulier) et d'informations (au pluriel). En s'appuyant sur les définitions données par les dictionnaires usuels, on constate qu'information a trois sens :

- Une (des) information(s) : renseignement(s) sur quelque chose ou quelqu'un porté(s) à la connaissance du public ; nouvelle(s) transmise(s) par un média (j'écoute les informations à la radio).
- L'information : l'ensemble des informations-nouvelles.
- L'information : action d'informer (du latin *informare*) ; mettre au courant et, au sens étymologique, donner une forme, une structure, une signification.

Les scientifiques vont plus loin. Dans *L'agressivité détournée* (1970b, p. 55), le biologiste Henri Laborit, spécialiste du cerveau, écrit :

> Quand une variation d'énergie survient dans l'environnement capable d'influencer nos récepteurs sensoriels, elle met en jeu une succession d'événements dynamiques au sein de notre système nerveux et cette activité est strictement fonction du type de la variation énergétique qui lui a donné naissance. Il en résulte un comportement, qui peut être inné s'il est inscrit génétiquement dans la structure de l'organisme [...] Il peut être acquis par l'expérience personnelle de l'organisme envisagé, c'est-à-dire par l'histoire de l'activité antérieure de son système nerveux.

Les variations thermodynamiques survenant dans l'environnement n'ont aucune signification en elles-mêmes tant qu'un système nerveux ne les a pas perçues et enregistrées. Ainsi, les grands cataclysmes qui, nous dit-on, ont tué tous les dinosaures de la terre ne sont devenus significatifs qu'à partir du moment où des hommes ont découvert des ossements fossiles dans le sol, ont reconstitué les squelettes, les ont exposés dans des musées et les ont insérés dans une explication logique de l'évolution de la planète qui satisfasse notre soif de connaissance. Donc, une information (que ce soit une guêpe qui vole, un coup de tonnerre, le rugissement d'un prédateur, un poing qui frappe, etc.) s'accompagne toujours d'une variation thermodynamique qui impressionne nos sens et qui déclenche une réaction (je chasse la guêpe, je me mets à l'abri de l'orage, je me sauve pour échapper au lion, je réplique à mon agresseur). Cette réaction sur l'environnement peut être innée (le bébé saisit et porte à sa bouche une friandise); elle peut être le produit d'une expérience antérieure mémorisée (je change de trottoir à la vue de mon agresseur d'hier).

LA COMMUNICATION

Pour que mon système nerveux puisse percevoir et enregistrer les variations thermodynamiques, il faut soit qu'elles se produisent dans mon environnement immédiat, soit que, par un moyen de communication quelconque, elles soient portées à ma connaissance. « L'information n'est ni matière ni énergie mais elle a besoin des deux » (Wiener, 1948; traduction libre). Il y a tellement de confusion entre le concept d'information et celui de communication qu'il est utile de définir ce dernier. Les dictionnaires usuels donnent également les définitions suivantes :

- Communication : fait, action ou résultat de communiquer.
- Communiquer : faire connaître, faire partager, transmettre, etc.

Donc, la communication est un partage d'informations. Mais si j'envoie un courriel à un correspondant, il faudra la même quantité d'énergie, que le message soit rédigé de façon intelligible ou que les lettres soient toutes mélangées. En outre, si j'envoie ce message, c'est pour faire connaître un fait, partager une idée, ce qui implique une intention de convaincre mon correspondant de la véracité du fait ou du bien-fondé de cette idée – même si cela est faux –, de l'inciter à adopter une attitude d'esprit donnée et à avoir une réaction en accord avec mon intention. La communication devient donc :

- Communication : opération au cours de laquelle des sujets échangent ou partagent des informations en vue d'en arriver à une compréhension réciproque, un accord mutuel et une action commune.

Pour y parvenir, je dois utiliser l'un des moyens de communications suivants : le geste ou le signe, la parole, la parole alliée au geste, donc l'audiovisuel, ou l'écrit qui est une succession de signes conventionnels sur un support. Aucun moyen de communication n'a entraîné la disparition des autres ; nous continuons à échanger et partager des informations uniquement par gestes, uniquement par la parole, en parlant et en faisant des gestes en même temps et en écrivant. Nous utilisons des outils : sémaphore, porte-voix, téléphone, radio, cinéma, télévision, affiches, livres, journaux et Internet. Ce sont les médias. Mais il y en a d'autres ; voici un exemple que certains trouveront trivial : l'emballage d'une boîte de biscuits contient plus d'informations sur ce que je mange que toutes les annonces publicitaires ou tous les articles publiés par les médias traditionnels sur cette même marque de biscuits.

DE L'IMMÉDIAT AU MÉDIAT

Il n'y a que des différences d'instantanéité et de complexité entre une information ayant un caractère purement biologique et immédiat (la guêpe, la friandise, l'orage, le prédateur ou l'agresseur) et qui conditionne directement sinon ma survie du moins la qualité de ma vie et une information médiate, ayant un caractère purement social, économique ou politique, communiquée par les médias (le concert rock, le décès d'un artiste, la fermeture de l'usine, le scandale politico-économique, la défaite de mon parti, la posologie de mon médicament) et qui conditionne indirectement sinon ma survie du moins la qualité de mon existence. Les deux déclenchent en moi des états affectifs ou émotifs (surprise, envie, joie, peur, chagrin, colère, etc.) et une réaction, qu'elle soit physique (je crie, je me mets à l'abri, je frappe) ou mentale (je décide d'aller acheter le dernier roman, je compatis au drame des chômeurs, je change d'avis sur les auteurs du scandale, je rumine une vengeance). Le réflexe rotulien est le processus d'information probablement le plus simple puisqu'il ne remonte pas plus haut que la moelle épinière et qu'il n'y a pas représentation du fait mais il n'y a entre lui et nos réactions à l'audition du *Téléjournal* que des différences de niveau et de complexité dans le processus interne de communication.

Que les informations soient biologiquement, psychologiquement, socialement, économiquement ou politiquement significatives, moi et les autres membres de la société en avons besoin pour assurer notre survie ou la qualité de notre vie. Une société sans information est une société d'huîtres où les crabes et les requins sont rois.

Il est donc vital pour l'individu et la collectivité de savoir ce qui se passe, non seulement pour satisfaire une curiosité native ou intellectuelle mais pour assurer notre subsistance, pour comprendre quelque chose à l'environnement physique et social, pour surmonter l'inquiétude née de l'isolement dans la multitude, pour organiser l'existence quotidienne malgré la complexité grandissante des rouages administratifs, pour participer à l'activité économique et en profiter, pour influer autant que faire se peut sur la vie politique du pays, pour éviter que la société humaine ne s'enlise dans la routine et ne se fige dans la stagnation face aux grands changements planétaires annoncés.

Autrement dit, depuis le pourcentage de chlorure de sodium dans le jus de tomate jusqu'à la montée du niveau de la mer engendrée par la fonte des glaces en passant par les programmes des différents partis politiques pour y faire face, toutes ces informations sont vitales.

> *Si l'information est vitale à l'homme pour assurer sa survie en tant qu'individu et en tant qu'espèce, l'information est un droit.*

1.7 Droit À l'information et droit DE l'information

Le vocable droit a deux sens principaux:

- Droit: habileté, faculté, privilège appartenant à chaque homme du seul fait qu'il est homme et aux sociétés (le droit à la vie, le droit des peuples à disposer d'eux-mêmes).
- Droit: ensembles de lois et de règles établis par les sociétés pour régir les précédents (droit de la famille, droit international).

Le droit actuel est le produit des efforts de générations de juristes qui se basaient sur les principes sociologiques, philosophiques, moraux et économiques de leur époque. C'est ainsi que, pendant des siècles, les personnes jugées hérétiques et les sorcières étaient envoyées au bûcher par les juges de l'Inquisition, qu'en 1757 à Paris, Damiens, un illuminé qui avait attenté à la vie de Louis XV mais ne l'avait que blessé, a été odieusement torturé puis écartelé et brûlé, qu'au milieu du XIXe siècle au Canada on pendait encore pour vol, que des millions de gens ont été exterminés par les nazis pendant la Seconde Guerre mondiale et qu'encore aujourd'hui des innocents sont assassinés par les fous de Dieu et que des criminels sont exécutés en Chine et aux États-Unis, entre autres. Tout cela au mépris total du plus fondamental des droits : le droit à la vie.

Sociologie, philosophie, économie, religion et morale ont heureusement évolué et les principes de droit par lesquels on justifiait ces pratiques sont maintenant sinon complètement abandonnés, du moins unanimement réprouvés.

Les règles de droit qui régissent l'information, donc le droit DE l'information, sont relativement récentes puisque les premières gazettes sont apparues au XVIIe siècle, la presse à grand tirage au milieu du XIXe, la radio au début du XXe, la télévision dans les années 1950 et qu'Internet ne s'est généralisé qu'au début de ce XXIe siècle. Le droit DE l'information, inexistant lors de l'apparition des premiers médias, n'a suivi cette évolution des moyens de communication que de manière réactive et, la plupart du temps, coercitive et répressive au lieu d'être proactif et incitatif si bien qu'il se retrouve maintenant obsolète.

Car la communication de l'information déborde le seul domaine de la presse écrite et électronique. Elle emploie maintenant d'autres moyens, d'autres supports, donc d'autres médias et concerne tous les secteurs de l'activité humaine. Qui aurait pensé, il y a cinquante ans, à légiférer pour obliger les fabricants de produits alimentaires à informer les consommateurs sous peine de poursuite de la teneur en gras, en sel et en sucre de ces produits ? Les emballages, les étiquettes sont devenues des médias, au sens étymologique, c'est-à-dire des supports intermédiaires entre les faits et le cerveau humain. Pour légiférer dans ces domaines de la vie courante, on s'appuie sur des découvertes médicales récentes : les excès de gras, de sel et de sucre sont préjudiciables à la santé.

C'est que les formidables progrès technologiques que les dernières décennies ont connus englobent aussi la science de l'homme. Jadis, on savait par constat, intuition, induction et déduction que l'information, passant par les sens et les centres nerveux, pouvait avoir des effets sur le cerveau : une bonne nouvelle provoquait la joie, une mauvaise nouvelle provoquait de la tristesse ou de la colère. On en a maintenant la preuve grâce aux récentes découvertes scientifiques rendues possibles par la biochimie, la microscopie électronique et l'imagerie par résonance magnétique.

Le droit DE l'information n'a pas suivi. Le droit À l'information non plus. Il demeure dans le royaume des valeurs morales et sociales, valeurs nobles mais floues, mal définies car elles-mêmes tributaires de concepts mouvants, au premier chef la démocratie parlementaire qui varie d'une époque à l'autre, d'un pays à l'autre, d'un continent à l'autre, selon la culture et les intérêts en jeu : notre démocratie actuelle n'a rien à voir avec ce qu'elle était il y a un siècle ni avec ce qu'elle est en Asie. Il faut donc sortir le droit à l'information de ce royaume des valeurs pour le fonder sur des réalités biologiques récemment et scientifiquement prouvées, valables maintenant comme plus tard, ici comme ailleurs.

1.8 Droit à l'information et intégrité psychophysiologique de l'homme

Toute l'information que nous recevons parvient par nos sens jusqu'au cerveau où elle est traitée et d'où elle repart pour commander notre réaction. L'information a un caractère biologique et on ne peut plus, comme du temps de Descartes et de Pascal, considérer le corps comme relevant de la matière et l'esprit comme étant une espèce de fluide distinct de la matière et relevant de l'éther insaisissable et mystérieux. Cette conception est encore, malheureusement, partagée par beaucoup de gens qui voient l'information comme relevant uniquement de l'intellect. Ce qui nous oblige à faire une incursion dans le domaine de la physiologie cérébrale.

Le cerveau est relié au reste de notre organisme par les artères et les nerfs. Les artères lui apportent le sang contenant de l'oxygène et du glucose qui sont le comburant et le combustible dont les neurones ont besoin pour fonctionner. Les nerfs lui apportent l'influx nerveux qui l'informe des variations thermodynamiques de l'environnement perçues par nos sens et transmet les instructions motrices appropriées pour répondre efficacement à ces variations. Le cerveau est le quartier général de l'information. On peut donc dire que:

TOUT CE QUI ENTRE DANS LE CERVEAU, À PART LE SANG, C'EST DE L'INFORMATION

Avec des nuances: le cerveau reçoit aussi des hormones transportées par le sang qui agissent comme régulateur des rythmes biologiques et du fonctionnement des tissus et des organes ciblés. Il reçoit en outre des ultrasons et des ondes mais le cerveau humain, contrairement à celui des animaux, ne les perçoit pas. Avec surtout cette autre nuance que le cerveau contient déjà une information encodée génétiquement, un acquis informationnel héréditaire que l'on constate dès le stade fœtal: réflexes de préhension, de succion et, dans le cas de jumeaux, de rejet. Devant un danger grave, notre instinct de survie nous commande de fuir, de nous protéger avec les bras ou de fermer les yeux avant même d'éprouver de la peur. Si le danger menace un de nos semblables, nous cherchons à le secourir et, dans l'impossibilité de le faire, nous compatissons à ses malheurs.

Historiquement, ce sont Wilder Penfield et surtout Brenda Milner, tous deux de l'Université McGill de Montréal qui, dans les années 1950, ont prouvé scientifiquement que les informations sont stockées dans différentes régions du cerveau et que la mémoire a un caractère purement biologique.

LA STRUCTURE INFORMATIONNELLE DU CERVEAU

Selon la théorie du cerveau «triunique» du neurologue américain Paul D. MacLean, confirmée par le neurobiologiste français Henri Laborit, et sans vouloir entrer dans le détail, le cerveau est triple. D'abord, à la base, on trouve le bulbe rachidien, le pont et le mésencéphale qui constituent ce que certains auteurs appellent le «cerveau reptilien» car il assure les fonctions de base: circulation, respiration, équilibre, réponses réflexes aux stimuli, établissement du territoire, chasse, rut et coït, apprentissages stéréotypés de la descendance, établissement des hiérarchies sociales. C'est avec ce cerveau que les tortues marines vont chaque année pondre leurs œufs sur la même plage sans se demander s'il n'y aurait pas une meilleure solution.

Les mammifères possèdent en plus le paléocéphale (ou paléocortex), appelé aussi système limbique, comprenant l'amygdale (évaluation de l'information sensorielle) et l'hippocampe (coordination de l'information sensorielle avec la mémoire). C'est le paléocéphale qui permet les affects de plaisir, de déplaisir, voire de douleur, donc qui est le siège des principales émotions (colère, peur, attachement émotif) et des réactions qui en découlent (lutte, fuite et, de nouveau, attachement émotif). C'est grâce au paléocéphale que peuvent se faire l'apprentissage, l'éducation, le conditionnement, les automatismes de pensée, l'attachement aux règles sociales. C'est lui, en collaboration avec le cerveau reptilien, qui nous permet une relation avec l'environnement. Nous verrons plus loin que, n'ayant pas reçu les informations appropriées ou soumis à un bombardement d'une information particulière, certains individus en sont réduits à des comportements dépassant difficilement le niveau paléocéphalique.

Outre ce cerveau reptilien et ce paléocéphale, les mammifères supérieurs possèdent un néocéphale ou néocortex, logé en majeure partie dans les lobes orbito-frontaux et de plus en plus développé à mesure que l'on se rapproche de l'homme. On y trouve les aires associatives, sièges d'activités nerveuses complexes moins dépendantes de l'environnement, alimentées par les régions sous-jacentes et commandant à des aires motrices spécialisées (vue, parole, ouïe, mémoire à court terme, fonctions intellectuelles supérieures). C'est le néocortex qui permet d'accroître la diversité et la richesse des associations d'idées, l'imagination, l'invention, l'abstraction au deuxième degré, donc le langage, l'algèbre, la composition musicale, etc. C'est lui qui nous permet de réagir à l'information reçue de façon non seulement intelligente mais conforme aux canons sociaux et à une certaine éthique humaniste, afin de nous adapter aux conditions changeantes de notre environnement.

L'INFORMATION CIRCULANTE

À l'intérieur du cerveau, les neurones sont reliés entre eux par des synapses. L'information provenant des variations thermodynamiques survenant dans l'environnement et transmises par nos perceptions sensorielles suit des circuits synaptiques adaptés à la nature de ces perceptions. Elle est stockée temporairement dans des aires de mémoire immédiate, fait appel à des éléments déjà mémorisés, enclenche un processus d'association d'idées puis déclenche une réaction motrice ou émotionnelle appropriée. Ces circuits synaptiques sont libres, changeants, établis selon la nature, l'intensité et la portée de l'information. C'est l'*information circulante* car elle circule librement selon les différents stimuli et fait appel à la *mémoire consciente* ou *mémoire explicite,* celle des gens, des lieux, des objets, des situations et des événements.

Mais si la nature, l'intensité et la portée de cette information circulante sont modifiées artificiellement de façon qu'elles ne correspondent plus aux gens, aux faits, aux lieux ou aux situations, la représentation que nous en avons ne correspondra plus à la réalité et notre réaction et nos comportements ne seront plus appropriés aux faits, à la situation ou aux événements. L'individu ainsi leurré sera en déséquilibre avec la réalité. C'est ce qui fait le succès des farces et attrapes ou des gags de théâtre et de cinéma, mais c'est également le drame de ceux qui en sont victimes. Dans un registre plus grave, c'est aussi le drame des gens dont la perception des faits aura été altérée par une indisposition ou une invalidité ou par une transmission erronée ou fallacieuse de la réalité. Par exemple, l'enthousiasme de la population et des médias américains au printemps 2003 a été causé par les fausses informations transmises par le gouvernement de Washington sur les prétendues armes de destruction massive de l'Irak et sur les prétendus liens entre le dictateur Saddam Hussein et l'organisation terroriste Al-Qaïda.

L'INFORMATION STRUCTURANTE

L'information circule le long de circuits synaptiques qui peuvent être immuables parce qu'ils font appel à des acquis héréditaires comme le réflexe de préhension à la vue de la nourriture ou celui de fuite ou de défense à la perception d'une menace. L'information peut aussi circuler selon des circuits synaptiques qui auront tendance à devenir immuables si le processus perception-mémorisation associé aux affects de plaisir ou de déplaisir se répète. C'est *l'information structurante* car elle établit des structures mentales fixes qui font appel à la *mémoire inconsciente* ou *implicite,* celle des habitudes, de l'apprentissage. L'apprentissage, c'est-à-dire l'acquisition de connaissances indispensables à la pratique d'une langue ou d'un métier, se fait par la perception et la rétention d'informations semblables et répétées, donc structurantes.

Les expériences de Pavlov et de ses successeurs prouvent que la répétition incessante d'une information donnée peut transformer la mémoire consciente en mémoire inconsciente et déclencher des réactions motrices et/ou émotionnelles automatiques et durables. Les individus conditionnés sont dotés d'une grille de pensée figée. Ainsi, le chien de Pavlov se mettait à saliver en entendant la clochette annonçant le repas même quand il n'y avait pas de repas. On a découvert au cours de l'histoire des «enfants loups», c'est-à-dire des être humains ayant été recueillis bébés par des sociétés animales et ayant adopté leurs comportements. Le dernier en date de ces enfants sauvages a été trouvé en 1946, âgé d'environ six ans dans le désert syrien parmi une harde de gazelles dont, malgré les différences anatomiques et morphologiques, il avait adopté les manières d'être et d'agir. En dépit des efforts de réadaptation, ces individus meurent généralement jeunes et éprouvent d'énormes difficultés à se comporter en êtres humains, quand ils n'en sont pas carrément incapables (Laborit, 1970b; Malson, 2002; Danten, 1999). Autres exemples: les enfants séquestrés et isolés du monde extérieur tels Yves Cheneau, découvert en 1963 à Saint-Brévin en France et qui avait perdu l'usage de la parole; les enfants atteints de cataracte à la naissance et opérés plus tard au cours de leur existence qui mettent plusieurs mois après avoir recouvré la vue pour distinguer un carré d'un triangle. Inversement, les gens qui, à la suite d'un accident ou d'une maladie, deviennent aveugles, conservent la capacité de «voir» et de se représenter les choses de leur environnement.

LA MUTILATION DU CERVEAU

Il revient à Éric Kandel, de l'Université de New-York, Prix Nobel de médecine 2000, d'avoir découvert, par ses travaux sur les neurones, comment les circuits synaptiques peuvent être soit affaiblis, soit renforcés selon la nature, l'intensité et la répétition des stimuli, donc des informations, et comment le stockage des informations répétitives peut reconfigurer ces circuits synaptiques et modifier l'anatomie du cerveau de façon durable (*À la recherche de la mémoire,* Éric Kandel, Odile Jacob, Paris 2007).

Sans entrer dans le détail des réactions biochimiques qui s'opèrent au niveau des neurones, contentons-nous de mentionner qu'Éric Kandel a prouvé qu'une information répétitive a pour effet de faire naître et croître de nouvelles dendrites, ou points de contact entre deux neurones au niveau de la synapse, provoquant ainsi une meilleure transmission et un meilleurs stockage de cette information. À l'inverse, une « habituation » à une information donnée peut provoquer la neutralisation et la disparition de certaines dendrites, donc l'arrêt de la transmission synaptique donc l'inhibition de certains éléments préalablement mémorisés. Il y a encore modification anatomique du cerveau.

L'imagerie à résonnance magnétique a montré qu'après deux ans d'apprentissage, les chauffeurs de taxis de Londres (dont la géographie urbaine est particulièrement complexe) possèdent un hippocampe beaucoup plus développé que celui des simples quidams et qu'il continue de croître tant qu'ils exercent leur métier. Ces modifications anatomiques sont telles que certains ouvriers manuels ayant perdu leur emploi sont incapables d'apprendre un nouveau métier malgré tous les efforts de « recyclage ».

Cela vaut pour le domaine de la motricité, mais aussi pour celui des émotions. Éric Kandel et ses collaborateurs, Antonio Damasio, Michael Rogan, Joseph Ledoux et Gleb Shumyatsky, ont effectué en 2002 des études à la fois comportementales et d'analyses cellulaires montrant que:

- la genèse des émotions débute par une opération inconsciente d'évaluation du stimulus,
- des émotions négatives ou positives telles que l'anxiété, la peur ou le sentiment de sécurité et de sérénité peuvent être apprises après un conditionnement adéquat mettant en action des cellules intermédiaires et des neurotransmetteurs qui ont une action inhibitrice (Kandel, 2007).

Autrement dit, les émotions peuvent être déclenchées ou étouffées par un apprentissage approprié tout comme pour l'apprentissage du langage, de la musique ou de la bicyclette. Des personnes ayant vécu selon des croyances et des coutumes ancestrales données sont incapables de s'adapter à un nouvel environnement socioculturel: la viande de porc provoquera des réactions d'envie si l'on est de culture européenne ou de dégoût si l'on est de culture sémite. Mais il y a plus grave que la conversation, le piano, le vélo ou le rôti de porc: un conditionnement supérieur structurant le cerveau à un point tel que des valeurs, des principes, des émotions propres à l'homme normal vivant dans une société normale sont complètement oblitérés. Éric Kandel parle de «répression» et d'«inhibition» de la mémoire génétique.

1.9 Le cas de Phineas Gage

Phineas Gage travaillait au dynamitage dans un chantier de construction d'une voie ferrée au Vermont en septembre 1848. C'était un homme habile, calme, sensé, prévenant. Une charge de dynamite ayant explosé prématurément, il avait été grièvement blessé; une barre de fer, après l'avoir frappé au visage, avait pénétré derrière l'œil gauche et traversé le cerveau de part en part. Miraculeusement, il a survécu et s'est retrouvé, après des mois de convalescence, avec une personnalité profondément modifiée. D'après son médecin, Phineas Gage devint impatient, obstiné, capricieux, malpoli et grossier, « son caractère avait radicalement changé, tellement... qu'il n'était plus le même Gage » (Harlow, 1868 ; traduction libre).

Se pourrait-il qu'un conditionnement adéquat ait des effets similaires à un tel traumatisme crânien ? Similaires, oui. Identiques, non. Dans une correspondance privée avec l'auteur, Éric Kandel précise : « Le cerveau n'est pas endommagé. De la même façon que les connexions synaptiques peuvent être renforcées par un apprentissage quelconque, elles peuvent être affaiblies par un autre. » Il n'y a donc pas lésion, amputation comme dans le cas de Phineas Gage, mais il y a bien mutilation au niveau cellulaire.

Les neurobiologistes ont pu expérimenter et prouver que des circuits synaptiques peuvent être réprimés et inhibés mais ils ne peuvent guère aller au-delà des expériences sur des animaux de laboratoire. Ce sont les neuropsychologues qui, prenant le relais grâce à l'imagerie par résonance magnétique, ont pu étudier directement le cerveau humain. Entre autres :

- Christian Keysers (2008), directeur du Neuro Imaging Center du Centre médical universitaire de Groningen, aux Pays-Bas, a montré que des « neurones miroirs » reliés au système limbique commandent l'empathie et l'altruisme.
- Joshua Greene (2008), du Département de psychologie de l'Université Harvard, à Cambridge, aux États-Unis, a illustré le fait que lors de décisions dites morales impliquant le sort de nos semblables, il y a conflit entre nos émotions et nos jugements rationnels. Et que ce sont souvent les émotions qui l'emportent.
- Jonathan Haidt (2008), du Département de psychologie de l'Université de Virginie, estime qu'une information génétiquement encodée telle que la peur de l'autre et de l'étranger, qui remonte au fond des âges quand l'autre représentait un danger pour le clan et la tribu, peut être exploitée par un conditionnement adéquat.

Donc, une information tendancieuse, fausse, mais répétitive peut soit exacerber, soit faire disparaître des comportements naturels innés tels que l'altruisme et l'instinct de survie. C'était l'objectif de l'entraînement des SS : faire en sorte qu'ils deviennent incapables de respect de la vie humaine et de pitié. De même, les terroristes kamikazes, fanatisés à un point tel que l'instinct de survie, la compassion et l'altruisme sont occultés par la volonté de tuer l'ennemi, civils, hommes, femmes, vieillards et enfants, sans considération. L'information structurante à laquelle ont été soumis ces hommes a inhibé certaines connexions synaptiques existant chez tous les êtres humains, de même que certaines lésions cérébrales peuvent entraîner, outre la perte de la parole, de la mémoire, de la représentation des formes, de l'interprétation des situations et du respect des conventions sociales, une modification profonde de la personnalité.

Ce sont des cas extrêmes mais la répétition d'informations tendancieuses ou erronées ciblées sur le palélocéphale, soit le siège des émotions, peut structurer le cerveau de manière telle que l'individu ou les individus réagiront toujours de la même manière. Ainsi en est-il des foules qui littéralement salivent en entendant un hymne patriotique, des slogans politiques ou simplement à la vue des symboles partisans (les manifestations de fanatisme des foules allemandes à la vue de la croix gammée pendant la montée du nazisme). C'est vrai pour le lecteur, l'auditeur ou le téléspectateur abreuvé d'informations tendancieuses et transformé en partisan fanatique d'une politique fondée sur la suprématie d'une idéologie ou d'une religion et qui ne reculera devant aucune violation des valeurs humaines. C'est également vrai pour le consommateur convaincu par une publicité outrancière des prétendus bienfaits d'un sandwich à triple épaisseur de viande grasse avec du fromage et des frites et qui finira obèse, diabétique et cardiaque.

Le chien de Pavlov qui secrétait du suc gastrique au son de la clochette, l'enfant-loup de Syrie, le SS qui tirait à vue sur des enfants juifs, le kamikaze islamiste qui se fait sauter au milieu d'un marché public à Bagdad, le mangeur compulsif de hot-dogs et de hamburgers, tous ont le cerveau déréglé au point d'avoir été physiquement privés de certaines fonctions. Bien que la science nous explique maintenant ce qui se passe au niveau des centres nerveux, nous le savions intuitivement depuis des lustres et nous disions que ces êtres avaient été soumis à un « lavage de cerveau » et qu'il leur « manquait une case ».

En provoquant une altération des connaissances, une inadéquation avec l'environnement, une modification des comportements et une modification fonctionnelle du cerveau, l'information structurante constitue une atteinte à l'intégrité psychophysiologique de l'individu.

Toute atteinte au droit à l'information est une atteinte à l'intégrité intellectuelle et psychophysiologique de l'individu et de la collectivité.

Que le processus informationnel ayant conduit à cette mutilation du cerveau soit un dressage dans le laboratoire de Pavlov, une éducation en milieu naturel sauvage dans le désert, la lecture et l'audition de propagande haineuse à la radio ou dans des journaux contrôlés politiquement, une instruction orientée dans des écoles coraniques ou une publicité trompeuse importe peu. C'est le résultat qui compte et ce résultat est l'équivalent de toute autre atteinte à l'intégrité psychophysiologique des personnes.

NÉCESSITÉ D'UN ENCADREMENT JURIDIQUE

Une violation occasionnelle du droit à l'information induisant le récepteur en erreur est une faute si elle est involontaire et sans conséquence; elle devient un délit si, intentionnelle ou non, elle entraîne pour le récepteur des inconvénients graves ou des dommages. Une omission dans la transmission des prévisions météorologiques qui nous fait oublier notre parapluie n'a aucune commune mesure avec une omission dans la transmission des indices boursiers qui nous fait perdre de l'argent. Mais cela demeure occasionnel et, là plupart du temps, involontaire de la part de ceux qui communiquent les faits ou qui en sont à l'origine.

Par contre, toute violation intentionnelle et répétée du droit à l'information constituant une atteinte délibérée à l'intégrité intellectuelle, psychophysiologique de l'individu, cette violation peut ou devrait être considérée comme un crime, au même titre que toute autre atteinte à l'intégrité de la personne: coups et blessures, harcèlement, accidents du travail, viols, empoisonnements, meurtres... Tous les auteurs de ces crimes sont jugés et condamnés. Plus les séquelles sont durables, plus le crime est grave et plus il est puni sévèrement. En 1945 et 1946, à Nuremberg, on a jugé et condamné les dirigeants nazis non pas parce qu'ils s'étaient rendus personnellement coupables d'atrocités mais parce qu'ils avaient pendant quinze ans incité certains individus ou groupes à en commettre par l'établissement d'un système de conditionnement de tout le peuple allemand. Le tribunal international de La Haye a fait de même avec les officiers serbes ayant supervisé les crimes contre l'humanité dans l'ex-Yougoslavie.

Bien qu'ignorant la réalité des effets de l'information sur le cerveau, mais conscients du fait que l'absence d'information et la fausse information pouvaient avoir et ont des conséquences néfastes, les gouvernements ont fait adopter un certain nombre de mesures pour informer efficacement la population en général et les individus en particulier (sans doute parce qu'ils sont aussi des électeurs). Ces mesures, assorties de sanctions quand elles ne sont pas respectées, et que l'on retrouve éparpillées dans la législation et la réglementation, sont destinées à nous protéger principalement dans les domaines de l'éducation, de la justice, de la santé et de la sécurité. Voici quelques exemples en vrac :

- Dans le domaine de l'éducation, on a sévi contre les enseignants qui profèrent des propos politiques et on a remplacé l'enseignement religieux traditionnel catholique par un enseignement neutre, disons œcuménique.
- Dans le domaine de la justice, les policiers sont obligés d'avertir le suspect qu'ils viennent d'arrêter que tout ce qu'il va dire pourra être retenu contre lui ; en cour, les témoins doivent jurer de dire toute la vérité et rien que la vérité et les faux témoignages sont punis.
- Dans le domaine de la santé, « tout usager des services de santé et des services sociaux a le droit d'être informé sur son état de santé [...] Il a également le droit d'être informé [...] de tout accident survenu au cours de la prestation de services [...] » (Loi sur les services de santé et les services sociaux, chapitre S-4.2, art. 8) ; les fabricants de produits pharmaceutiques doivent donner la composition des remèdes qu'ils mettent sur le marché ainsi que des indications posologiques et les pharmaciens doivent aviser leurs clients des effets secondaires de leurs médicaments.
- Dans le domaine de l'adoption et de la filiation, nous verrons plus loin que les enfants adoptés ont un droit conditionnel de connaître l'identité de leurs parents biologiques.
- Dans le domaine de la consommation, la publicité mensongère est interdite ; les prix affichés doivent être exacts ; les ingrédients des aliments doivent être mentionnés sur l'emballage de même que la date de péremption.
- Dans le domaine des biens matériels, les garagistes doivent indiquer à leurs clients la nature et le prix de la réparation à faire sur leur automobile ; les vendeurs de maisons doivent mentionner les vices cachés.

Situation paradoxale au point d'en être scandaleuse : il n'y a que dans le domaine de l'information-nouvelles et habituellement médiatisée que les acteurs ne sont pas tenus de respecter le droit à l'information ! Quelles que puissent être les conséquences intellectuelles, psychologiques et physiques pour l'individu et la collectivité, les porte-parole des organisations sociales, des groupes de pression, des entreprises industrielles et commerciales, des partis politiques et des gouvernements peuvent dire à l'opinion publique via les médias ce qu'ils veulent, y compris des faussetés, les médias peuvent également publier et diffuser ce qu'ils veulent, y compris des faussetés. En toute impunité ou presque.

La raison invoquée est le droit à la liberté d'expression qui est un droit fondamental. Mais la liberté d'expression a le dos large car, poussée à l'extrême, elle peut avoir des effets néfastes. Si bien que, comme toute liberté a comme limite celle des autres, les gouvernements ont établi des balises légales que nous aurons l'occasion de mentionner et d'analyser.

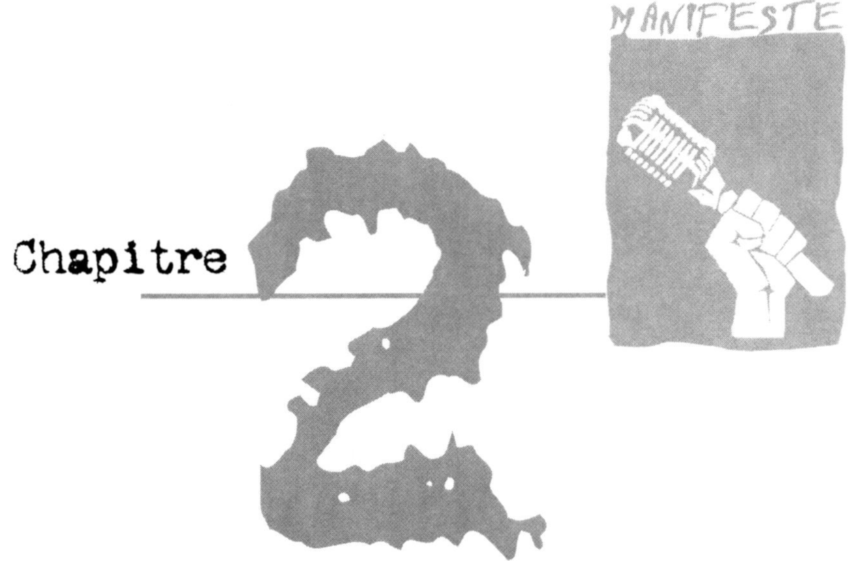

LE DROIT

2.1 Nouveauté du droit à l'information

LES BALBUTIEMENTS

Le principe du droit à l'information est relativement nouveau. On n'en parlait pas il y a une cinquantaine d'années; l'expression même, *droit à l'information,* n'existait pas. On pourrait trouver l'origine de ce concept dans les articles de deux journalistes anglais, William Gordon et John Trenchard, qui écrivaient en 1720 à Londres sous le nom de Caton et qui, les premiers, ont émis l'idée que la vérité constituait une défense dans les causes de libelle séditieux. En effet, à l'époque, le gouvernement britannique réduisait au silence les journalistes et les écrivains critiquant son action en les accusant de libelle séditieux. Caton affirmait que le public avait le droit de savoir la vérité sur le gouvernement (Hohenberg, 1971, p. 38). Mais leur théorie était si révolutionnaire que personne ne les suivait et ne les a suivis.

Il faudra attendre 1946 pour que Paul-Louis Bret, directeur de l'Agence France-Presse, dans un article sur l'accessibilité de l'information, mentionne pour la première fois le *droit au fait.* Encore se bornait-il à affirmer ce principe sans chercher à le définir ni à en analyser la portée si ce n'est qu'il revenait à l'État de rendre l'information accessible en subventionnant les journaux et les agences de presse.

LE DROIT ONUSIEN

En 1948, l'Assemblée générale des Nations Unies adopte la *Déclaration universelle des droits de l'homme* dont l'article 19 stipule: « Tout individu a droit à la liberté d'opinion et d'expression, ce qui implique le droit de ne pas être inquiété pour ses opinions et celui de chercher, de recevoir et de répandre, sans considération de frontières, les informations et les idées par quelque moyen que ce soit. » Sauf que rien n'est dit sur la qualité de ces informations : dans les pays totalitaires, les citoyens reçoivent des informations, mais quel genre d'informations et reçoivent-ils toutes les informations ? À l'époque, l'Assemblée générale des Nations Unies, soucieuse de préserver l'harmonie mondiale relative qui régnait après la Seconde Guerre mondiale, désirait avant tout ménager les susceptibilités de ces États totalitaires, au premier chef ceux du bloc communiste.

À partir de là, les événements s'accélèrent. La Loi fondamentale (constitution) de la toute jeune République fédérale d'Allemagne, adoptée en mai 1949, prévoit (article 5) que (chaque citoyen) « a le droit de s'informer librement auprès de toutes les sources d'information généralement accessibles… Il n'y a pas de censure ». Encore faut-il que les sources d'information soient accessibles. Les *Länder* ouest-allemands vont tous adopter des lois fondamentales en reprenant à peu près les mêmes termes avec les mêmes restrictions. Ainsi, en Bavière, le droit à l'information est limité « aux informations émanant de l'État » ; en Hesse « […] les autorités ont le devoir de transmettre à la presse les informations souhaitées ».

Sans doute pour compléter la charte de 1948, les Nations Unies adoptent en 1966 le *Pacte international relatif aux droits civils et politiques* qui prévoit à son article 19.2 que : « Toute personne a droit à la liberté d'expression ; ce droit comprend la liberté de rechercher, de recevoir et de répandre des informations et des idées de toute espèce, sans considération de frontières, sous une forme orale, écrite, imprimée ou artistique ou par tout autre moyen de son choix. » À part la réaffirmation du principe de la liberté d'expression datant des révolutions américaine et française, cet article semble surtout s'adresser à ceux qui recherchent, reçoivent et répandent des informations et des idées, c'est-à-dire les agences de presse, les médias et les journalistes, plutôt qu'aux simples citoyens. Ensuite, il faut noter l'imprécision de l'expression « des informations et des idées » et que, tout comme dans la déclaration de 1948, rien n'est dit sur la nature et la qualité de ces informations et de ces idées. Quoi qu'il en soit, le troisième alinéa vient tempérer le deuxième puisqu'il donne aux États signataires la possibilité d'imposer des « restrictions […] nécessaires […] au respect des droits et de la réputation d'autrui » et « à la sauvegarde de la sécurité nationale, de l'ordre public, de la santé ou de la moralité publiques », quand on sait ce que certains gouvernements entendent par ordre public et sécurité nationale !… On est loin du droit à l'information qui sera proclamé par le pape Paul VI en 1964. Signalons que, les Nations Unies étant toujours prudentes, ce *Pacte international relatif aux droits civils et politiques* n'est entré en vigueur que dix ans plus tard, soit en 1976.

LA PROCLAMATION PONTIFICALE

Il faudra attendre 1963 et rendre à César ce qui est à César et à Dieu ce qui est à Dieu. Car c'est l'Église catholique et romaine qui, dans la foulée du concile Vatican II, pour la première fois et sans équivoque, a proclamé dans l'encyclique *Pacem in terris* du pape Jean XXIII «[...] le droit de tout être humain à une information objective» (11 avril 1963). Conformément au décret conciliaire *Inter Mirifica* (4 décembre 1963), Rome fonde une Commission pontificale sur les moyens de communication sociale qui étudie les tenants et les aboutissants de ce nouveau principe. Puis, le nouveau pape Paul VI, recevant le 17 avril 1964 les membres du Séminaire des Nations Unies sur la liberté de l'information, déclare solennellement: «Le droit à l'information est un droit universel, inviolable et inaltérable de l'homme moderne puisqu'il est fondé dans la nature de l'homme.» Déclaration d'autant plus remarquable qu'elle n'était basée que sur des valeurs humaines et morales alors que l'on ignorait encore tout du caractère biologique de l'information.

Après, il y a eu le livre de Joseph Folliet, professeur aux facultés catholiques de Lyon et qui avait été conseiller du Vatican, *L'information moderne et le droit à l'information* (1969), et celui du directeur de l'École supérieure de journalisme de Lille, Bernard Voyenne, *Le droit à l'information* (1970), qui peuvent être considérés comme les deux ouvrages fondateurs de ce principe. Il faut mentionner les affirmations généreuses, mais imprécises, d'auteurs américains sur le *Right to Know.* En toute humilité, avec l'aide du juriste québécois Guy Guérin, qui fut un temps président-directeur général de Radio-Québec (devenu par la suite Télé-Québec), j'ai suivi la voie ainsi tracée en publiant le *Manifeste pour la liberté de l'information* (1971), qui était le premier essai canadien traitant du droit à l'information comme tel. Sauf erreur ou omission, rien d'autre n'a été publié sur ce sujet au Québec depuis les travaux érudits de Pierre Trudel et de son équipe de l'Université de Montréal (1981).

2.2 Reconnaissance du droit à l'information

CONFUSION

À peine né, le droit à l'information a été l'objet de toutes les confusions et de toutes les attaques possibles et imaginables et il l'est encore. Quand on lit les articles et les « blogues » publiés sur Internet en cherchant « droit à l'information », on est stupéfait de constater à quel point cette notion est encore imprécise, fait l'objet d'acceptions réductrices et est utilisée dans des applications particulières plutôt qu'universelles.

En 1969, les membres du comité de direction de la toute nouvelle Fédération professionnelle des journalistes du Québec (FPJQ) confondaient encore le droit à l'information tel qu'il était défini par la charte des Nations Unies (le droit de recevoir des informations sans garantie sur leur authenticité) et le droit à l'information proclamé par Jean XXIII et Paul VI (le droit universel, inviolable et inaltérable de l'homme moderne puisqu'il est fondé dans la nature de l'homme). Dans son site Internet, la même FPJQ expose encore actuellement son objectif comme étant « la défense de la liberté de presse et du droit à l'information », deux notions qui, on le verra plus loin, sont contradictoires. Pour sa part, le Conseil de presse du Québec, dans sa brochure *Droits et responsabilités de la presse*, entretient la même confusion. Dans bien des ouvrages récents sur le sujet, on dirait que le droit à l'information n'est envisagé qu'à contrecœur, comme un avatar de la traditionnelle et sacro-sainte liberté d'expression et de la liberté de presse et d'ailleurs uniquement dans le domaine des médias d'information traditionnels.

NÉGATION

Dès 1970, à l'occasion de la fameuse crise d'Octobre, le gouvernement fédéral du Canada appliquait la Loi sur les mesures de guerre (maintenant abrogée), qui prévoyait les mesures à prendre en cas de « guerre ou d'insurrection réelle ou appréhendée » et imposait la censure aux médias, donc niant au public le droit de savoir ce qui se passait réellement. En 1971, le ministre des Affaires extérieures du Canada, Mitchell Sharp, déclarait en marge d'un débat aux Nations Unies : « Le droit à l'information, ça n'existe pas. Il n'y a pas de droit à l'information. Le droit de poser des questions, oui [...] »

L'Assemblée nationale du Québec a bien adopté à l'unanimité le 27 juin 1975 la Charte des droits et liberté de la personne mais, lors des audiences de la Commission parlementaire qui a précédé l'adoption, le ministre de la Justice de l'époque, Jérôme Choquette, s'est montré particulièrement sceptique quant à l'opportunité d'y inclure le droit du public à l'information. Finalement, le principe a été inscrit dans la Charte sur l'insistance du premier ministre, Robert Bourassa, désireux de ne pas mécontenter la Fédération professionnelle des journalistes. Encore, nous verrons que le droit à l'information a été placé dans les droits socioéconomiques et non dans les droits fondamentaux et que cette charte n'a jamais eu de pouvoir contraignant devant les tribunaux.

En 1977, à Ottawa, la ministre fédérale des Communications de l'époque, Jeanne Sauvé, présentait aux Communes le projet de loi C-43 qui, à toutes fins utiles, donnait au gouvernement fédéral, pour assurer au public des communications « dignes de confiance », la possibilité de contrôler indirectement et directement « [...] toute transmission, émission ou réception de signes, signaux, écrits, images, sons ou renseignements de toute nature, par fil, radio ou par un procédé électromagnétique ou par tout procédé optique ou technique », ce qui couvrait non seulement le sémaphore des marins et des scouts, la radio et la télévision mais aussi la presse écrite, en raison des progrès technologiques qu'elle avait connus, et s'appliquerait maintenant à Internet si la loi avait été adoptée. C'était pour le gouvernement fédéral la possibilité d'imposer la censure à volonté ou, comme on l'avait souligné à l'époque, « la loi des mesures de guerre en temps de paix ». Devant le tollé soulevé dans les milieux intellectuels tant francophones qu'anglophones, le projet a été enterré.

REFUS

Enfin, en 1982, le gouvernement du Canada faisait adopter par les Communes le texte de la nouvelle constitution contenant une charte d'à peu près tous les droits de la personne, sauf le droit à l'information. Maître Michel Robert, plus tard devenu juge qui, en ces années, était président du Parti libéral du Canada et membre du comité de rédaction de la constitution, nous a déclaré que la possibilité d'inclure ce droit avait été envisagée mais que la chose semblant prématurée, il avait été jugé préférable de s'en tenir au principe de la liberté de la presse. Ce qui donne :

> **Garantie des droits et libertés**
> La Charte canadienne des droits et libertés garantit les droits qui y sont énoncés [...]

Libertés fondamentales
Chacun a les libertés fondamentales suivantes:
- liberté de conscience et de religion;
- liberté de pensée, de croyance, d'opinion et d'expression, y compris la liberté de la presse et des autres moyens de communication;
- [...]

(Charte canadienne des droits et libertés, art. 1 et 2).

Il n'y a rien dans la loi fondamentale du Canada qui garantisse le droit à l'information. Seule est mentionnée la liberté de la presse: «Lorsque la liberté devient un concept juridique, il est nécessaire d'en déterminer le contenu pour pouvoir l'utiliser. Le législateur canadien a soigneusement évité de s'engager dans cette voie difficile, préférant confier cette responsabilité aux juges» (Prujiner et Sauvageau, 1986, p. 10).

De façon tout à fait paradoxale, en l'absence de toute mention dans la constitution, certains tribunaux ont rendu des décisions en s'appuyant sur la reconnaissance implicite du droit à l'information. Nous verrons au chapitre des institutions que des juges, interprétant l'esprit de certaines lois plutôt que la lettre, ont même invoqué littéralement le droit à l'information alors que ni le principe ni même l'expression ne se trouvent dans les textes. Sauf qu'il y a une grande différence entre le judiciaire et le juridique; une décision judiciaire ne fait pas la loi, elle fait jurisprudence et celle-ci peut être suivie ou ignorée selon les époques, les lieux, la nature du conflit, la puissance des parties et la personnalité des juges.

2.3 Le droit à l'information dans la hiérarchie des droits

La notion du bien et du mal a changé. Produits d'une évolution millénaire ayant commencé lorsque l'homme à peine sorti de l'animalité vivait en bandes isolées et vulnérables, le bien était tout ce qui favorisait la survie des individus et des groupes et le mal tout ce qui venait des clans potentiellement rivaux. C'était encore le cas il n'y a pas si longtemps: il était regrettable mais bien de faire mourir des milliers de soldats sur les plages de Normandie lors du débarquement des forces alliées le 6 juin 1944 ou de raser des villes ennemies entières peuplées de civils comme à Dresde l'année d'après. Tout ce que faisaient les autres était mal. Peut-être à cause de ces excès, on s'émeut maintenant quand un seul de nos soldats est tué en Afghanistan ou quand une famille de civils innocents est assassinée à

Bagdad. L'attachement de certains pays à la peine de mort suscite une réprobation générale. Plus personne ne conteste que le droit à la vie a la primauté sur tous les autres droits.

Par ailleurs, on constate qu'il existe une confusion, y compris chez de nombreux juristes, y compris dans les textes des chartes internationales et des lois canadiennes et québécoises, entre le concept de *droit* et le concept de *liberté*.

Le *droit*, c'est la faculté de faire une chose, de jouir d'une chose, d'exiger une chose que la société reconnaît à tout homme du fait qu'il est homme. Pour reprendre la déclaration de Paul VI, la notion de droit « est fondée dans la nature de l'homme » et comporte l'idée d'inhérence vitale à l'individu et d'obligation pour la société de le respecter. Les droits de l'homme, ou de la personne comme il est plus politiquement correct de les appeler, ont été classés en :

- droits naturels fondamentaux : droit à la vie, droit à la sûreté et à la sécurité physique de la personne, droit à l'intimité, droit à la libre expression de la pensée, droit à l'égalité, droit à la dignité, droit à la libre jouissance de ses biens, droit à... la liberté.

N'en déplaisent à ceux qui s'opposent à la hiérarchisation des droits (on se demande bien pourquoi, d'ailleurs), les autres droits découlent tous des droits naturels fondamentaux :

- droits juridiques : droit de n'être accusé, arrêté, détenu que dans les cas définis par la loi, droit à un procès équitable, à une défense pleine et entière ;
- droits politiques : droit de participer à la chose publique, droit de réunion, d'association, de vote ;
- droits sociaux : droit d'association, droit à l'instruction, droit à la santé, droit au travail, droit au repos, droit à la sécurité sociale.

Donc, au sommet de la liste, tout le monde est d'accord, doit absolument figurer le droit à la vie. Où situer le droit à l'information ?

LA CONDITION PREMIÈRE DE LA DÉMOCRATIE

Selon leurs centres d'intérêt, les hommes ont tendance à placer le droit qui régit leur domaine en tête de liste des droits fondamentaux. Mais historiquement, logiquement et encore actuellement, si les droits juridiques, politiques et sociaux constituent le fondement de la démocratie, ce ne sont ni la justice, ni la participation à la vie collective, ni l'instruction des peuples, ni la jouissance de la santé et de la sécurité qui ont donné naissance à la démocratie, c'est l'inverse! C'est parce qu'au XIIIe siècle, les barons anglais étaient forts devant un roi faible qu'ils ont pu lui imposer la *Magna carta* et que, par la suite, le régime de la monarchie constitutionnelle anglaise a pu favoriser l'éclosion de toutes les idées philosophiques et politiques ayant conduit à la démocratie.

Par contre, l'information n'est pas le produit de la démocratie, c'est l'inverse! C'est parce qu'au XVIIIe siècle les livres et les journaux ont propagé des idées philosophiques et politiques nouvelles que la société a aboli la royauté de droit divin pour établir un régime de représentation démocratique. À la fin du siècle dernier, malgré les interdictions et grâce aux échanges culturels, sportifs et commerciaux, individuels ou collectifs, c'est parce que l'information passait par-dessus le rideau de fer que les dictatures communistes sont tombées presque d'elles-mêmes. La démocratie et les libertés et droits fondamentaux qui l'accompagnent sont bien le produit de l'information.

Le droit à l'information répondant à des besoins vitaux, il conditionne, sinon la vie, du moins la qualité de la vie. Historiquement, logiquement et encore actuellement, les personnes vivant sans information ne font que vivoter; elles ne peuvent plus avoir de représentation exacte de la société ni de son évolution, elles n'ont pas les connaissances nécessaires pour revendiquer la justice ni pour participer à la chose publique ni jouir des avantages de la vie en société. L'information est nécessaire à la vie et la conditionne (ne serait-ce que pour créer la vie en cherchant et trouvant le partenaire sexuel idéal ou pour maintenir la vie grâce à la liberté de l'information médicale et chirurgicale). Inversement, comme on ne peut s'informer si l'on n'est pas en vie, droit à la vie et droit à l'information doivent (devraient) figurer côte à côte en tête de la hiérarchie des droits naturels fondamentaux.

2.4 Les limites du droit à l'information

Tout droit fondamental connaît des limites au sens donné à ce terme par les dictionnaires usuels: « Ligne qui sépare deux territoires contigus; point que ne peut ou ne doit pas dépasser une activité, une influence. » On n'a pas le droit de tuer pour se faire justice. Les critères permettant de tracer la frontière entre le droit à l'information et les autres droits sont flous, circonstanciels et toujours remis en question. Ces limites sont habituellement prévues par la loi; elles sont également énumérées dans les chartes déontologiques des organisations de journalistes. La Charte de la Fédération professionnelle des journalistes du Québec mentionne, à ce titre, les droits à la vie privée et à l'intimité, à la dignité et à la réputation ainsi qu'à une justice pleine et entière. En cas d'incertitude, les tribunaux sont appelés à trancher. En règle générale, le droit à l'information doit céder devant les droits à la vie, à la sûreté individuelle et collective, à l'intimité, à la réputation et à la dignité, à une justice pleine et entière, tous droits concernant la sécurité psychologique et physique des individus et de la collectivité. Nous nous limiterons aux... limites les plus souvent invoquées.

LA LIBERTÉ D'EXPRESSION

La confusion entre la notion de droit à l'information et les principes connexes est fréquente et crée des situations aberrantes. À Québec, la station de radio CHOI FM avait comme animateur un dénommé Jeff Fillion qui dans ses commentaires sur l'actualité se faisait remarquer par ses propos résolument racistes, misogynes, homophobes et, accessoirement, hostiles aux pauvres et aux handicapés. Tous propos n'ayant qu'un contenu informatif minime mais susceptibles d'enflammer les passions populaires. Malgré les nombreuses plaintes au Conseil de la radiodiffusion et des télécommunications canadiennes (CRTC), cette station était la plus écoutée dans la région de la Vieille Capitale avec 440 000 auditeurs.

Lorsque le CRTC a décidé en 2004 de fermer CHOI FM, confondant le droit à la liberté d'expression et le droit à l'information au point d'ignorer le droit à la dignité de la personne et à la réputation, des partis politiques (l'Action démocratique du Québec, le Parti conservateur du Canada et le Nouveau Parti démocratique) ont pris la défense de CHOI FM et de Jeff Fillion. Près de 50 000 personnes ont manifesté dans les rues de Québec, ce qui faisait de cette manifestation la plus importante depuis plusieurs dizaines d'années. En outre, une pétition d'environ 210 000 noms a été présentée au gouvernement fédéral à Ottawa. La raison n'a fini par prévaloir que lorsque la Cour supérieure du Québec a condamné Jeff Fillion, CHOI FM et ses dirigeants à verser à une animatrice de télévision, Sophie Chiasson, violemment attaquée par l'animateur, des dommages et intérêts de 340 000 $ pour avoir proféré des propos « sexistes, haineux, malicieux, non fondés, blessants et injurieux [portant] atteinte à la dignité, à l'honneur et à l'intégrité de l'être humain en général et de Mme Chiasson en particulier». Jugement confirmé en appel.

LA PROPRIÉTÉ

On a longtemps considéré le droit de propriété comme une extension du droit à la vie puisque la survie dépendait de la jouissance exclusive d'un territoire de chasse, d'un lopin de terre cultivable ou d'une échoppe d'artisan.

Cette primauté du droit de propriété s'est maintenue avec le développement de la grande propriété terrienne ou industrielle jusqu'à étouffer les droits fondamentaux de simples citoyens. Le 1er mai 1886, des grévistes réclamant la journée de 8 heures à Chicago sont, à la demande de l'entreprise, refoulés par la police qui tire dans la foule: on n'a jamais connu le nombre exact de morts et de blessés. C'est pour célébrer cette journée que le 1er mai est devenu la fête du Travail dans le monde entier. Sauf aux États-Unis où, pour faire oublier cet événement peu glorieux, le grand patronat a imposé comme fête du Travail le premier lundi de septembre, ce qui constitue un exemple parfait de violation du droit à l'information et de conditionnement des cerveaux. Sauf également au Canada qui a la fâcheuse habitude d'imiter tout ce que fait le grand frère du sud.

La réaction est lente mais irréversible. Les faillites retentissantes d'importantes organisations commerciales ou industrielles telles que Enron ou Worldcom, aux États-Unis en 2001, ont battu en brèche le principe de la primauté du droit de propriété.

En effet, c'est le public qui, par ses impôts et taxes, permet aux grandes sociétés agricoles, industrielles et commerciales de recevoir des subsides gouvernementaux pour l'établissement de succursales, l'embauche ou la formation du personnel; c'est le public qui paie pour compenser les exemptions fiscales, les tarifs postaux ou de transport préférentiels et l'utilisation des voies publiques; c'est le public qui subit les effets environnementaux consécutifs à l'activité agricole et industrielle et qui paie encore pour réparer les dégâts; c'est le public qui paie pour instruire la main-d'œuvre qualifiée dont ces organisations ont besoin; c'est le public qui achète les produits et services et, enfin, ce sont les travailleurs, les petits actionnaires et les consommateurs qui souffrent lorsque ces organisations disparaissent.

En dépit de toutes les prétentions des dirigeants d'organisations qui affirment n'avoir de comptes à rendre qu'à leurs commettants, il y a de nos jours une telle interdépendance entre les organisations et le public que celui-ci a le droit de savoir ce qui s'y passe. La crise financière et économique frappant depuis 2007 les États-Unis d'abord et le reste du monde ensuite aurait peut-être été évitée si les sociétés de crédit et les banques qui les ont appuyées n'avaient pas induit le public en erreur sur la réalité du crédit hypothécaire et dit la vérité sur leurs procédés douteux de cavalerie boursière.

L'INTIMITÉ, LA DIGNITÉ ET LE MAUVAIS GOÛT

Les limites entre le droit à l'information et les droits à l'intimité et à la dignité sont encore plus floues et plus circonstancielles. La plupart des médias ont refusé de publier les images de Saddam Hussein au moment de sa pendaison le 30 décembre 2006 en avançant que l'image était choquante et qu'elle violait le droit à l'intimité et à la dignité du dictateur irakien déchu. Mais en d'autres temps et en d'autres circonstances, tous les médias, y compris les plus conservateurs, avaient publié des photographies de soldats blessés et moribonds lors de la guerre de Sécession des États-Unis, des civils arméniens crucifiés sur les troncs des platanes le long des routes lors du génocide commis par les Turcs en 1915, des films de déportés agonisants lors de la découverte des camps d'extermination allemands en 1945, des photos du dictateur italien Mussolini et de sa maîtresse pendus par les pieds dans les rues de Milan également en 1945, le film du président Kennedy frappé par les balles en 1963 à Dallas, les images de corps flottant au milieu des débris lors de la tornade Katrina à la Nouvelle-Orléans en 2005.

On peut revoir aujourd'hui ces images fixes ou animées lors d'émissions télévisées de rétrospective ou n'importe quand sur Internet; partout dans le monde, en tout temps; on peut voir dans toutes les églises des représentations particulièrement morbides de la crucifixion de Jésus et dans tous les musées du monde des représentations crues de guerre, de torture et d'exécution: le *Tres de Mayo* de Goya se trouve reproduit dans tous les dictionnaires. Avant la peinture, la photographie et la cinématographie, il y avait des récits écrits ou oraux: la guerre de Troie a bien eu lieu. Enfin, si nous éprouvons des scrupules à publier les images de la pendaison de Saddam Hussein, on peut voir dans n'importe quelle salle de cinéma ou à la télévision des films de guerre ou d'espionnage comportant des scènes de mort au combat, sous la torture ou dans des cataclysmes naturels mais, bien sûr, il s'agit de fiction même si, souvent, elle dépasse la réalité.

Autrement dit, les limites du droit à l'information fluctuent selon :

- le caractère naturel ou politique de l'événement ou du fait,
- l'utilité ou l'inutilité relatives de cet événement ou fait,
- la célébrité ou, au contraire, l'anonymat des personnes concernées,
- le caractère noble ou ignoble de la cause,
- les sentiments et les émotions que le fait suscite ou les jugements de valeur que nous portons sur lui,
- la sensibilité, l'éducation et la culture de chacun,
- la perception du moment qui varie selon les sociétés et les époques.

Avions-nous le droit de voir la pendaison de Saddam Hussein en direct ? La majorité des gens diront : non ! Avions-nous le droit de voir l'assassinat du président Kennedy en direct ? La majorité des gens diront : oui ! La perception étant éminemment subjective, le seul critère qui devrait être retenu est celui de l'intérêt public (voir plus bas).

LA JUSTICE ET LA RÉPUTATION

Toute personne a droit à une justice pleine et entière ; ce droit est inscrit dans la plupart des chartes et des constitutions ; nous verrons que plusieurs articles du Code criminel du Canada interdisent les actions qui pourraient entraver ce droit. Ainsi, nombre de personnes arrêtées, détenues et accusées se plaignent, parfois avec raison, d'être victimes d'un procès dans les médias avant d'avoir été jugées. C'est pourquoi les journalistes, soucieux de ne pas se faire poursuivre pour diffamation et atteinte à la réputation, prennent habituellement des précautions rédactionnelles du genre « Le présumé coupable aurait… etc. ».

Première question : La publication des noms des personnes arrêtées et soupçonnées ou des organisations soupçonnées est-elle de nature à nuire à leur droit fondamental à la réputation et à une justice pleine et entière ? La réponse est « peut-être, sans doute, oui » car le public ne va pas tenir compte des précautions rédactionnelles et va généralement conclure hâtivement qu'il n'y a pas de fumée sans feu.

Deuxième question : Cette publication est-elle indispensable au respect du droit à l'information ? Paradoxalement, la réponse est encore « oui » ! Le public a le droit de savoir que l'on arrête quelqu'un et pourquoi. En Argentine, au temps de la dictature, la police a arrêté 30 000 personnes sans que les médias eussent le droit d'en parler ; la plupart d'entre elles ne sont jamais revenues ; on ne sait même pas ce qu'elles sont devenues.

Sans compter que certaines personnes et, plus généralement, certaines organisations, utilisent ces droits à une justice pleine et entière et à la réputation pour étouffer l'information et ainsi violer le droit du public de savoir. C'est la technique des SLAPP pour *Strategic Lawsuits Against Public Participation*, courante aux États-Unis et qui se propage au Canada sous le nom de « poursuites baillons ». L'exemple typique : on dénonce les agissements délictueux ou frauduleux d'une organisation, les médias se font l'écho de cette dénonciation. Les personnes ou les groupes visés, habituellement des entreprises industrielles ou commerciales, invoquant leurs droits à la réputation et à une justice pleine et entière, se disant attaqués injustement, poursuivent ceux qui les ont dénoncés, réclament de gros dommages et intérêts, ce qui automatiquement a pour effet de décourager les dénonciateurs qui d'accusateurs se retrouvent accusés et, n'ayant généralement pas les moyens de se défendre devant les tribunaux, abandonnent leurs dénonciations. Les médias n'ont plus rien à publier. Les situations ou les actes délictueux peuvent perdurer.

Déjà, une trentaine d'États américains et quelques pays ont pris des mesures pour empêcher ces « poursuites baillons » et garantir la liberté de l'information. Au Québec, l'Assemblée nationale a étudié la question en commission parlementaire. Le comité d'experts qui avait été mis sur pied par le gouvernement préconisait diverses mesures pour assurer, dans ce cas-ci, la primauté du droit au débat public, donc du droit à l'information et de la liberté de l'information sur le droit à la réputation et à une justice pleine et entière.

2.5 Du droit à la liberté

Le concept de *liberté* découle de celui de *droit* mais il ne comporte aucun caractère d'inévitabilité et d'inhérence à l'individu. Au contraire, il exprime l'idée d'un choix personnel. Exemple : j'ai droit à la vie, donc droit à la santé mais, pour me garder en bonne santé, j'ai la liberté d'aller à la montagne ou à la mer ou de rester tranquillement chez moi. De même, j'ai droit à la libre expression de la pensée mais je peux choisir de me taire; j'ai droit à l'intimité mais j'ai la liberté de faire partie d'un club échangiste.

Dans le domaine de l'information, le droit à l'information a comme corollaire la **liberté de l'information**. Pour que le droit à l'information soit respecté, il faut que l'information soit libre. Cette liberté est double. C'est la liberté de chacun de s'informer de ce qui se passe dans sa niche écologique et ailleurs ou de rester chez soi sans acheter le journal ni écouter et regarder les nouvelles radiodiffusées ou télévisées. C'est donc la liberté du récepteur. C'est aussi la liberté de l'émetteur, celui qui est à l'origine des faits ou des idées et qui peut les publiciser ou non, qui peut les commenter ou non, qui peut les transmettre ou non par l'intermédiaire d'un média. C'est aussi et surtout, la liberté que doit avoir la communication des faits et des idées ainsi que leurs tenants et aboutissants en tant qu'objets depuis leur origine jusqu'à chacun d'entre nous. Autrement dit, pour reprendre les définitions du début, c'est l'obligation pour la société d'assurer la libre mise en forme des événements survenant dans l'environnement jusqu'à la réaction des individus et des collectivités sur cet environnement. Toute intervention intempestive de qui que ce soit pour altérer cette mise en forme, retarder la communication des faits, les exagérer, en minimiser l'importance ou les supprimer est une violation de la liberté de l'information et, par conséquent, du droit à l'information.

Dans la plupart des pays démocratiques, on considère que l'information est un service public et les gouvernements ont pris diverses mesures pour faciliter la libre communication des faits et des idées. Ces mesures peuvent aller de l'application de tarifs postaux préférentiels pour les journaux et magazines jusqu'à des lois assurant le libre accès à l'information gouvernementale en passant par la réglementation des monopoles de l'information.

2.6 La liberté de presse

« Les diverses perspectives qui se dégagent, selon que le détenteur principal de la liberté de presse est le public, le journaliste ou le propriétaire du média, sont évidemment contradictoire » (Prujiner et Sauvageau, 1986, p. 11).

HISTORIQUE

On peut faire remonter le concept de liberté de presse au XVIIe siècle, quand les premiers médias ont fait leur apparition. Il s'agissait alors de feuilles publiées à quelques milliers d'exemplaires seulement et souvent sans périodicité régulière, imprimées de façon artisanale par le propriétaire d'une presse manuelle et en l'absence de personnel qualifié pour faire de la recherche journalistique. Ces feuilles contenaient surtout des potins, des rumeurs, des indiscrétions sur les personnes en vue. Aux côtés de cette presse «*people*» avant la lettre apparaissaient sur la place publique et circulaient sous le manteau des écrits satiriques, souvent illustrés de caricatures, des pamphlets (au sens français et étymologique du terme) et des libelles ayant parfois un caractère insultant, voire carrément injurieux pour les gens de pouvoir. Ce qui déplaisait beaucoup aux personnalités visées, qui n'hésitaient pas à envoyer des sbires pour casser la presse et rosser le rédacteur et l'imprimeur.

Puis au XVIIIe siècle, dit le Siècle des lumières, inspirés par leurs confrères anglais, les philosophes français se sont mis à propager au moyen de livres, pièces de théâtre, lettres publiques, etc., des idées philosophiques et politiques nouvelles sur la raison, la tolérance, la liberté et l'égalité, le gouvernement représentatif et la séparation des pouvoirs. Ce qui déplaisait souverainement aux... souverains, qui n'hésitaient pas à envoyer leurs policiers casser les presses, saisir les écrits et pourchasser les auteurs. Sans parler des autorités religieuses qui obligeaient les journalistes comme les auteurs à respecter l'orthodoxie sous peine de mise à l'index, voire de procès devant l'Inquisition. Beaumarchais disait dans *Le Mariage de Figaro*: «Pourvu que je ne parle dans mes écrits ni de l'autorité, ni du culte, ni de la politique, ni des gens en place, ni des corps en crédit, ni de l'Opéra et des autres spectacles, ni de personne qui tienne à quelque chose, je puis tout imprimer sous la direction de deux ou trois censeurs.»

Montesquieu a publié ses *Lettres persanes* de manière anonyme, Diderot a connu la prison au château de Vincennes, Voltaire s'est exilé d'abord en Angleterre puis en Suisse et même Jean-Jacques Rousseau après la publication d'*Émile* s'est vu contraint de fuir le royaume de France. En plus de ces ouvrages à caractère savant apparurent des pamphlets politiques et des journaux d'opinion dont les rédacteurs avaient souvent maille à partir avec la police.

Au Québec, le premier véritable journaliste est Fleury Mesplet (Lagrave, 1980), disciple de Benjamin Franklin, venu à Montréal en mai 1776 dans les fourgons de l'armée américaine et arrêté sitôt après son arrivée. Relâché au bout d'un mois, il publie la *Gazette du commerce et littéraire pour la ville district de Montréal,* qui est le premier journal francophone unilingue en Amérique, avec promesse de soumettre ses articles à un censeur, ce qu'il ne fait pas. Arrêté de nouveau en 1779, Mesplet et son rédacteur Valentin Jautard sont emprisonnés à Québec pendant trois ans, sans procès. Libéré en 1782, Fleury Mesplet reprend l'édition de *La Gazette de Montréal,* hebdomadaire bilingue, jusqu'à sa mort en 1794.

La liberté de presse était la liberté d'imprimer et de publier ses idées, l'imprimerie étant alors, outre le bouche-à-oreille, le seul moyen de diffusion. C'était donc une extension logique, normale et nécessaire de la liberté de pensée et d'expression qui sont des libertés fondamentales. La persistance avec laquelle les journalistes et leurs associations continuent à invoquer et à revendiquer la liberté de presse remonte sans doute à cette époque. Mais c'était une liberté individuelle et les choses ont bien changé depuis cette époque.

ARGUMENT COMMERCIAL

Avec la révolution industrielle, les progrès technologiques ont permis vers 1833-1835 de produire quasi simultanément à Paris, Londres et New York des journaux à grands tirages (déjà plusieurs dizaines de milliers d'exemplaires) et qui se vendaient un sou, *one penny*. La liberté de presse est devenue une liberté d'entreprise et de commerce, celle de gagner de l'argent en vendant des informations au maximum de lecteurs possible.

Puis, la presse de masse entraînant l'apparition de la publicité de masse, cette liberté est devenue non plus celle de gagner de l'argent en vendant des informations au maximum de lecteurs possible mais celle de gagner encore plus d'argent en vendant un maximum de lecteurs, d'auditeurs, de téléspectateurs et, désormais, d'abonnés à Internet à des annonceurs.

Pour bien des patrons de presse écrite ou électronique, d'ailleurs, les informations réelles, altérées ou carrément inventées ne sont que des marchandises qui permettent de vendre d'autres marchandises, et les lecteurs, auditeurs et téléspectateurs ne sont que des consommateurs. Au début du siècle dernier, un quotidien de Nice avait inventé de toutes pièces une bande de brigands censée écumer la campagne provençale et dont les supposés tristes exploits lui permettaient d'augmenter son tirage, donc ses tarifs publicitaires. À Québec, la station de radio CHOI FM, son propriétaire Patrice Demers et Jeff Fillion, détenant lui-même environ 10 % des parts, faisaient beaucoup d'argent. Jeff Fillion est de nouveau au micro d'une radio diffusée uniquement sur Internet et par satellite à l'abri du Conseil canadien de la radiodiffusion et des télécommunications canadiennes (mais il devrait faire attention car, comme on le verra au chapitre 3, il n'est pas à l'abri du Code criminel).

Jawaharal Nehru, premier chef de gouvernement de l'Inde indépendante, disait : « Je me suis souvent demandé ce que signifiait exactement l'expression *liberté de la presse*. Est-ce celle des journalistes, des propriétaires ou des rédacteurs en chef ? Quelle liberté ? De toute évidence, la liberté de la presse signifie en définitive la liberté du propriétaire qui peut en user pour de tout autre objectif que le bien public » (Hohenberg, 1971 ; traduction libre). Et Alain Prujiner et Florian Sauvageau (1986, p. 11) en rajoute : « Qui est libre ? [...] de créer chacun son journal ? Hypothèse logiquement absurde et économiquement impossible... Libre d'exprimer ses opinions dans la presse ? [...] les tribunaux ont préféré protéger le pouvoir de l'éditeur. S'agit-il seulement de la liberté du public ? Quel peut être alors le contenu de cette liberté ? [...] liberté de choix entre plusieurs sources ? [Elle] exigerait la plus grande diversité possible de sources d'information [...] et obligerait de prévoir un droit d'accès aux médias. » On tourne en rond. Continuer à invoquer la liberté de presse nous transforme en chien qui court après sa queue.

La liberté de la presse n'est plus la liberté d'un individu désireux de propager ses idées, c'est la liberté des groupes de journaux, des stations de radio et de télévision. C'est la liberté de l'appareil thermodynamique maintenant possédé par des groupes d'intérêts financiers mais ce n'est pas celle du contenu, la liberté de l'information.

ARME POLITIQUE

Ce qui vaut sur le plan commercial vaut aussi sur le plan politique. Fin juillet-début août 1914, la presse allemande a publié un flot continu de fausses nouvelles concernant de prétendus actes de provocation de la part des troupes françaises ; l'opinion publique allemande étant prête, l'Allemagne a déclaré la guerre à la France le 3 août 1914. Procédé répété en 1939 à l'égard de la Pologne pour justifier la déclaration de guerre à ce pays.

Le Troisième Reich allemand avait établi un régime d'information tout à fait paradoxal. Profitant du principe de la liberté de presse, entendue comme liberté d'entreprise, le parti nazi avait, en plus des *Völkisher Beobachter* et *Der Angriff* (« L'attaque ») des tout premiers débuts, fondé dès 1932, plus de 120 journaux ou revues qui lui permettaient de diffuser ses théories, sa propagande et les événements vus à travers le prisme national-socialiste. Arrivés au pouvoir, les nazis, soucieux de se concilier les bonnes grâces du capital allemand, n'ont jamais touché au principe de la propriété privée des médias, trouvant d'autres méthodes pour contrôler l'information (Helmut, 1966). On avait instauré un système en vertu duquel la propriété du journal et la rédaction étaient deux entités séparées. En revanche, rédacteurs en chef et journalistes étaient tenus de s'enregistrer dans un ordre professionnel dont la mission était de servir constamment « la puissance du Reich allemand à l'extérieur ou à l'intérieur, la volonté collective du peuple allemand, la défense, la culture ou l'économie allemandes [...] » ; les récalcitrants perdaient leur droit d'exercer. Pour résumer, les dirigeants nazis faisaient la différence entre l'industrie et le commerce de la presse qui étaient libres et la pratique journalistique qui était étroitement et sévèrement contrôlée.

Au Canada, en 1978, pour répondre aux accusations d'infiltration par des éléments indépendantistes au sein du Service de l'information de Radio-Canada (accusations qui, après enquête, se sont révélées non fondées) les autorités d'Ottawa ont fait nommer comme chef de service l'ancien attaché de presse du premier ministre canadien Pierre Elliott Trudeau, Pierre O'Neil, journaliste de carrière, dans l'espoir de rendre les bulletins d'information et les émissions d'affaires publiques plus conformes à la politique fédérale d'unité nationale, ce qui fut fait. Notons au passage que seuls les journaux de Toronto avaient à l'époque signalé le caractère discutable d'une telle nomination.

Plus récemment, en décembre 2001, la direction de la chaîne CanWest Global Communications, dont le siège est situé à Winnipeg, avait envoyé aux rédacteurs de ses journaux des directives politiques concernant le conflit israélo-palestinien et la dispute constitutionnelle entre Québec et Ottawa. En signe de protestation, les journalistes de *The Gazette* ont refusé de signer leurs articles. Tant Radio-Canada que CanWest Global avaient tout à fait le droit d'imposer des orientations politiques à leurs employés en vertu du principe de la liberté de presse.

Plus près de nous, la liberté de la presse, c'est pour le *Journal de Québec*, la liberté de mettre tous ses journalistes en lock-out et de faire rédiger le quotidien par des cadres ou assimilés.

> ***La liberté de presse, c'est et c'est uniquement, la liberté de publier ou non ce qu'on veut, quand on veut, où on veut et de la manière que l'on veut, pourvu que cela rapporte économiquement ou politiquement.***

Concrètement, c'est la liberté pour un média de:

- mettre telle ou telle nouvelle en première page ou dans le dernier cahier, de la publier intégralement ou partiellement ou de ne pas la publier du tout;
- acheter un média concurrent pour le réduire au silence;
- imposer des directives politiques à ses rédacteurs;
- diminuer le budget consacré au journalisme d'enquête;
- augmenter le budget réservé au journalisme de faits divers ou de divertissement,
- abolir les éditoriaux;
- diffuser des propos violant les droits fondamentaux d'autrui;
- transformer les divers médias d'un groupe de presse en succursales de diffusion d'une information concoctée dans une salle de rédaction centrale;
- annuler une émission de radio ou de télé pour plaire à certains segments de l'opinion publique ou à certains pouvoirs économiques ou politiques;
- muter un journaliste jugé trop curieux ou trop tenace dans ses interviews;
- profiter des vides juridiques entourant Internet et la diffusion par satellite pour créer des médias parallèles ou pirates;
- etc.

Dans les faits et bien que cela puisse sembler paradoxal pour certains nostalgiques des valeurs encore couramment admises mais périmées, liberté de presse et liberté de l'information sont antinomiques, contradictoires, contraires, opposées. De toute façon, une liberté qui ne peut être exercée que par quelques-uns n'est plus une liberté mais un privilège.

2.7 Définition du droit à l'information

Le droit à l'information est quelque chose de complètement différent. Pour reprendre à la base, c'est le droit à la libre mise en forme des variations thermodynamiques survenant dans l'environnement, autrement dit le droit à la perception des faits et des idées, à la représentation dans notre système nerveux de l'environnement modifié par ces variations et à l'imagination d'une réaction appropriée sur cet environnement. Environnement étant pris dans son sens physique (la pluie, le froid, le réchauffement climatique), social et culturel (la baisse de la natalité, le succès du Cirque du Soleil), économique (les affaires, l'emploi, la mondialisation) et politique (la « plateforme » de tel candidat au leadership de son parti, la décision du gouvernement concernant tel secteur). Ou encore un mélange de plusieurs de ces aspects (le scandale des commandites). Pour assurer ma survie ou du moins assurer la qualité de mon existence, en tant que citoyen et contribuable pris isolément, j'ai le droit de savoir ce qui se passe dans ces divers domaines. Mes congénères et concitoyens ont eux aussi le droit de le savoir, qu'il s'agisse des membres du clan, de la région, de la nation, du bloc socioculturel ou politico-économique ou de l'ensemble de l'humanité.

On a tendance à considérer le droit à l'information comme un *droit passif* car on a toujours conçu l'information comme un processus à sens unique, de haut en bas : de l'environnement, des autorités, des organisations à l'individu et à la collectivité. Mais inversement, le droit à l'information est un *droit actif*, les individus et les collectivités ayant le droit de rechercher l'information et celui de propager leur information, de faire savoir ce qu'ils pensent ou ce qu'ils font, ce dont ils ont besoin, s'ils sont lésés d'une manière quelconque dans l'exercice de leurs droits et libertés. Ce droit de « pétitionner » qui est l'un des plus anciens puisqu'il était reconnu implicitement dans la *Magna Carta* promulguée en 1215 par le roi d'Angleterre Jean sans Terre et explicitement dans le *Bill of Rights* (1689) : « Que c'est un droit des sujets de présenter des pétitions au Roi et que tous les emprisonnements et poursuites à raison de ces pétitionnements sont illégaux. »

DÉFINITION PROVISOIRE :

> ***Le droit à l'information est le droit de l'individu et de la collectivité de savoir et de faire savoir ce qui se passe.***

Nous avons vu que tous les droits, même les plus fondamentaux, ont des limites. J'ai droit à la vie mais ai-je le droit pour sauver la mienne de provoquer la mort d'un autre ? J'ai le droit à la libre expression de ma pensée mais si je monopolise tout le champ sonore et visuel, j'accapare le temps et l'espace et je viole le droit de parole des autres. J'ai le droit à la santé, donc aux loisirs mais si je chante et danse toute la nuit, je viole le droit au repos, donc à la santé de mes voisins. Ai-je le droit de savoir où se cache telle personnalité menacée de mort par un groupe de terroristes ? Si mon pays est en guerre, ai-je le droit de savoir quels sont les plans stratégiques de l'état-major ?

Il convient par ailleurs de faire la distinction entre le besoin vital de savoir et le désir de savoir qui n'est souvent inspiré que par la curiosité ou par un intérêt intellectuel, les deux n'ayant rien de vital.

En conséquence, définition… définitive (établie en 1971 avec l'aide du juriste québécois Guy Guérin) :

> ***Le droit à l'information est le droit fondamental de l'individu et de la collectivité de savoir et de faire savoir ce qui se passe et que l'on a intérêt à connaître.***

Ce qui englobe toute l'activité humaine mais, bien sûr, la presse au premier chef.

2.8 Le devoir d'informer

Si l'information est un droit fondamental de l'homme, auquel il a droit du seul fait qu'il est homme, les autres hommes et la collectivité ont alors le devoir de l'informer.

Ce qui a soulevé et soulève encore une multitude de difficultés et a, la plupart du temps, forcé les pouvoirs publics à intervenir tant les problèmes d'intérêts personnels et collectifs sont nombreux et délicats. Puis-je avertir ma voisine que son mari la trompe sans porter atteinte au droit de ce dernier à l'intimité? Vais-je me risquer à dénoncer mon chef de service qui fraude ou, à l'invitation de la police, un criminel dont j'ai repéré la cachette, si je mets en balance le danger potentiel de représailles?

Dans presque tous les cas, l'État est intervenu. Nous verrons que, en matière de santé et d'administration publique, par exemple, tout citoyen et contribuable a un droit d'accès à l'information et qu'il peut consulter son dossier; les autorités médicales et administratives ont donc le devoir de le lui communiquer, de même qu'elles ont le devoir de communiquer, sous certaines conditions, certains documents aux personnes, généralement des journalistes, qui en font la demande. Le Code criminel et les lois connexes condamnent les faux témoignages et les incitations à en faire. Il existe tout un arsenal de lois pour protéger le consommateur en forçant les fabricants et les commerçants à informer leur clientèle de la composition de leurs produits et parfois même de la manière de s'en servir et à le faire en anglais et en français. Une loi fédérale récente protège les fonctionnaires dénonciateurs d'actes illégaux.

ON POURRAIT DÉFINIR LE DEVOIR D'INFORMER DE LA FAÇON SUIVANTE:

> ***Le devoir d'informer est l'obligation de faire savoir ce qui se passe à tout individu et à toute collectivité et qu'ils ont le droit de connaître.***

Ce qui exclut le désir de savoir inspiré par la curiosité ou un intérêt intellectuel.

2.9 La liberté de l'information et la liberté professionnelle ou de pratique des journalistes

Pour que le droit à l'information des individus et de la collectivité soit respecté, il faut que l'information soit libre de circuler sans être retardée, modifiée ou occultée. Ce n'est pas toujours le cas. Aux États-Unis, le Ku Klux Klan, société secrète prônant la suprématie des Blancs et qui s'était rendue célèbre par ses lynchages de Noirs, serait toujours vivant s'il n'avait été réduit à l'impuissance grâce au journaliste d'enquête Stetson Kennedy. Ce dernier, par le moyen d'un livre et d'émissions de radio, a démystifié l'organisme qui, outre sa lutte contre l'émancipation des Noirs, amassait des fonds au seul profit de ses dirigeants grâce aux cotisations, à des kermesses et à diverses pratiques frauduleuses incluant trafic d'armes, contrebande d'alcool et vente sous pression de polices d'assurance. Mais le coup de grâce a été donné par les informations communiquées aux producteurs de la série

Les aventures de Superman qui, chaque soir, révélait les petits secrets du Klan, mots d'ordre, signes de reconnaissance, mots de passe, titres plus ou moins grotesques, stratégie, etc., à des millions d'enfants qui s'en servaient ensuite quotidiennement dans leurs jeux. Si bien qu'aujourd'hui, le Ku Klux Klan, complètement démystifié, n'est plus qu'un souvenir lugubre et honteux, certes, mais folklorique (Levitt et Dubner, 2006, p. 87-105).

La liberté de l'information est donc le corollaire obligé du droit à l'information. Elle est bien différente de la liberté de presse traditionnellement invoquée qui, elle, autorise les médias et les journalistes à publier librement ce qu'ils veulent pourvu que cela rapporte économiquement ou politiquement. Donc,

> ***La liberté de l'information est la liberté fondamentale de l'individu et de la collectivité de chercher à savoir, de savoir et de faire savoir ce qui se passe et que l'on a intérêt à connaître.***

Mais pour que l'information soit libre, il est nécessaire que les entreprises de presse et les journalistes jouissent de la liberté d'action dans la recherche, la réception et la diffusion des faits et des idées, autrement dit qu'ils soient libres de pratiquer leur métier dans le respect du droit du public à l'information. Ce qui n'est pas évident.

Dans le monde, à part ceux qui travaillent sur des théâtres de guerre et qui sont volontaires pour suivre les soldats au combat, on compte chaque année en moyenne une bonne trentaine de journalistes qui sont assassinés, de 130 à 150 qui sont emprisonnés et de 800 à 1 000 qui sont victimes de menaces, voire de coups et blessures. Dans un pays aussi paisible et démocratique que le Canada, on a déjà vu :

- des ministres provinciaux exercer des pressions téléphoniques sur des journalistes de la télévision juste avant leur entrée en ondes ;
- des ministres fédéraux proférer au Parlement d'Ottawa des accusations non fondées contre des journalistes désignés nommément ;
- des journalistes être victimes de campagnes systématiques de menaces de mort par des services relevant du Solliciteur général du Canada ;
- récemment, une journaliste d'Ottawa se faire saisir ses documents par la Gendarmerie royale ;
- des tueurs blesser grièvement à coups de feu des reporters enquêtant sur le crime organisé.

2.10 Un cas concret

En mai 2000, officiellement neuf personnes, mais d'après la rumeur, 22 personnes, meurent après avoir consommé l'eau de l'aqueduc municipal de Walkerton, en Ontario, municipalité sise en territoire agricole. L'enquête montre que cette eau était contaminée par la bactérie *E. coli.*

Le **droit à l'information** est celui que tous et chacun d'entre nous avons de savoir d'où viennent ces bactéries *E. coli*, pourquoi les champs étaient saturés de purin et de lisier de porc et la nappe phréatique située en dessous complètement polluée, comment il se fait que l'équipement de l'usine d'épuration n'ait pas arrêté les bactéries, pourquoi les appareils de contrôle de la qualité de l'eau n'ont pas décelé la présence de ces bactéries, et si cette présence avait été décelée, pourquoi les responsables de l'usine d'épuration n'ont pas alerté la population et les autorités, quelles mesures seront prises pour que pareille catastrophe ne se reproduise plus, s'il y a d'autres municipalités qui puisent leur eau dans une nappe phréatique polluée par les déchets agricoles ou industriels.

La **liberté de l'information** est la faculté pour tous ces faits, leurs causes et leurs conséquences ainsi que les idées, opinions et déclarations qui en découlent d'être communiqués sans entrave depuis leur origine jusqu'à nous sans être aucunement modifiés, minimisés, exagérés, retardés ou occultés de quelque manière que ce soit.

La **liberté de presse** est celle d'un média de «couvrir» l'événement ou non, ou de s'en remettre aux seules dépêches des agences de presse, ou encore d'envoyer immédiatement un ou plusieurs journalistes à Walkerton, de les y laisser enquêter un jour ou de leur ordonner de rester sur place jusqu'à épuisement des informations, de publier leurs reportages en manchette ou à l'intérieur du média, tels quels ou en les modifiant pour les rendre plus conformes aux intérêts économiques du média ou de ses commanditaires.

La **liberté de pratique ou professionnelle des journalistes** consiste pour eux à pouvoir faire leur travail d'enquête sans être inquiétés par les autorités municipales ou par des particuliers, de pouvoir entrer dans l'usine d'épuration, de rencontrer et d'interviewer les personnes impliquées, conformément aux principes déontologiques de la profession sans être gênés dans leurs mouvements, interdits d'accès ou menacés d'une manière ou d'une autre.

Les atteintes à la liberté professionnelle des journalistes constituent des violations de la liberté de l'information, donc du droit à l'information, sur lesquelles nous reviendrons plus en détail. Cela étant dit, puisqu'elle est le corollaire obligé du droit à l'information, la liberté de l'information a elle aussi ses limites.

2.11 Liberté de l'information *vs* intérêt public

La Charte des droits et libertés de la personne du Québec proclame à l'article 44: «Toute personne a droit à l'information dans la mesure prévue par la loi.» En 1982, le Québec a également adopté une Loi sur l'accès aux documents des organismes publics, mais une Commission d'accès à l'information reçoit les demandes des citoyens et juge si cette demande est recevable ou non, c'est-à-dire si l'information demandée ne concerne pas des opérations gouvernementales jugées confidentielles ou si elle n'enfreint pas les droits fondamentaux d'autres citoyens. Ainsi, il y a des informations que l'on ne peut pas publier ou que l'on ne doit pas publier. Le critère établi par les gouvernements pour limiter l'exercice du droit à l'information et de la liberté de l'information est le principe de l'intérêt public, critère changeant selon les époques et les latitudes.

L'ORDRE PUBLIC

Dans le domaine politique, il fut un temps où le «bon plaisir» du roi établissait l'intérêt public; c'est encore le cas dans certains pays notamment ceux dirigés par un potentat; également dans les pays islamistes où l'intérêt public est subordonné à l'interprétation plus ou moins rigoriste que les dirigeants font de la loi religieuse. Dans nos démocraties, la notion d'intérêt public n'est pas un sujet à polémique sauf en ce qui concerne les mesures de sécurité prises pour contrer le terrorisme que certains trouvent exagérées et contraires aux libertés et droits fondamentaux. Le problème, c'est que, chez nous comme ailleurs, les dirigeants ont tendance à déterminer l'intérêt public en fonction des problèmes actuels et de leurs besoins et intérêts du moment. C'est une vision statique et figée dans le temps; qu'en sera-t-il lorsque la menace terroriste aura disparu, ce qu'elle est en train de faire d'ailleurs malgré les coups de trompette alarmistes mais de plus en plus espacés du gouvernement des États-Unis? Va-t-on conserver ces lois restrictives? Il a fallu près d'un siècle pour abroger la Loi sur les mesures de guerre jugée obsolète et antidémocratique par tous les commentateurs et pourtant appliquée sans vergogne par le gouvernement fédéral canadien lors de la crise d'Octobre 1970.

En tout cas, il faut en finir avec cette confusion entretenue comme à plaisir par les gouvernants entre l'intérêt public et l'ordre public. Éviter les mouvements de foule, les manifestations de protestation, les incendies de voitures ou le cassage de vitrines demeure une préoccupation particulière et immédiate à la fois dans l'espace et dans le temps; elle n'a aucun rapport avec le bien-être d'une population entière dans une perspective à long terme. L'intérêt public actuel est complètement différent de ce qu'il était au moment de la guerre froide entre l'Est et l'Ouest; il doit tenir compte aujourd'hui non plus de la menace de la guerre nucléaire mais, outre de la menace terroriste, entre autres, des risques de pandémies, du réchauffement de la planète et de leurs conséquences économiques et sociales ainsi que des mesures envisagées pour y faire face.

L'intérêt public doit être évalué et défini, non pas en fonction d'une situation présente mais en fonction de l'avenir et d'un devenir collectif. Autrement dit, le concept d'intérêt public ne peut se concevoir que dans une perspective dynamique.

LE BIEN PUBLIC

Il tombe sous le sens que le concept d'intérêt public recouvre celui du bien public, c'est-à-dire les ressources naturelles et financières, l'environnement géographique, les lieux et les biens ayant une valeur patrimoniale. Or, dans ce domaine, ce ne sont plus seulement les gouvernements qui sont impliqués mais toutes les organisations, y compris les entreprises et plus particulièrement les grandes sociétés multinationales. Jusqu'à maintenant, si ces grandes sociétés ont été obligées de respecter certains droits, surtout dans le domaine de la santé et de la sécurité au travail, hormis l'obligation de publier des rapports annuels et les plans d'expansion touchant à l'environnement, elles n'ont jamais, ou rarement, respecté le droit du public à l'information. Or, que ce soient des entreprises à but lucratif ou des associations sans but lucratif, nous avons vu que les organisations ont une responsabilité sociale à laquelle elles ne peuvent plus se soustraire. Leur activité est d'intérêt public. Elles sont responsables de leurs actions, non seulement devant leurs actionnaires, leurs membres ou les autorités dont elles dépendent mais aussi devant la population en général (voir plus haut). Hormis les secrets industriels et commerciaux qui, si dévoilés, mettraient en péril leur existence, les organisations ont le devoir d'informer. Nous avons vu que le droit de propriété n'est plus exclusif et qu'il doit céder devant le droit à l'information. Le public a le droit de savoir quelles ressources naturelles les entreprises exploitent et comment elles le font, comment elles se débarrassent de leurs déchets, quelles aides financières elles reçoivent des gouvernements et ce qu'elles en font réellement, quelles sont les conséquences de leur activité sur l'environnement, l'intégrité des lieux, la tranquillité et la stabilité des populations, etc.

LA MORALE PUBLIQUE

Dans le domaine des droits individuels, le critère de l'intérêt public se double de la règle du contenu informatif. C'est un terrain mouvant. Par exemple, la notion d'obscénité a changé : les annonces de mode et de cosmétiques actuelles auraient été jugées obscènes il y a quelques décennies ; on voit maintenant couramment au téléjournal des scènes de radiographie mammaire impensables il y a seulement vingt ans. Pour autant, a-t-on le droit de publier la photographie de telle vedette de cinéma se baignant nue sur sa plage privée ? Non seulement est-ce une violation de son droit à l'intimité, mais le contenu informatif est nul et c'est, en outre, un détournement de l'attention publique des sujets sérieux vers des sujets frivoles.

En 1974, les médias français avaient passé sous silence le fait que l'archevêque de Paris, le cardinal Daniélou, était mort dans l'appartement d'une dame de petite vertu. Sauf le *Canard enchaîné*. Ce qui a déclenché une polémique : peut-on révéler des aspects de la vie privée d'un leader moral, politique ou autre ? La plupart des médias ont estimé que la nouvelle avait un contenu informatif indéniable et ont fait amende honorable. Cas beaucoup plus facile à trancher : en 1966, en pleine guerre froide, le ministre associé de la Défense nationale du Canada, monsieur Pierre Sévigny, avait eu une aventure avec une dame Gerda Munsinger, citoyenne allemande soupçonnée d'être une agente de renseignements du bloc de l'Est. L'arbitrage entre vie privée et sécurité collective n'avait pas posé de problème et l'affaire avait abondamment alimenté l'actualité.

JUSTICE – VIOLENCE – ANTICONFORMISME

La nouvelle de l'arrestation de telle personne nommément identifiée est-elle contraire à son droit à une justice pleine et entière puisqu'elle n'a pas encore été jugée et que sa réputation risque d'être ternie ? Sans doute que oui. Sauf qu'il fut un temps pas si lointain où les gens qui avaient du pouvoir échappaient facilement à la justice et que le procès médiatique était le seul qui leur était imposé.

En 1970, pendant la crise d'Octobre, alors que les médias étaient soumis à la censure, les autorités ont fait arrêter et détenir pendant des temps plus ou moins longs 498 personnes, pour la plupart des membres de l'élite québécoise, dont 5 % seulement ont été jugées. Rappel : au temps de la dictature en Argentine, on a arrêté trente mille personnes sans qu'il fût permis d'en parler, trente mille personnes dont la plupart ont disparu à jamais.

Doit-on protéger le public contre les scènes de violence ? Théoriquement, oui et des études montrent que les films et les jeux électroniques violents peuvent avoir une influence néfaste sur les enfants. Sauf que la majorité des commentateurs politiques américains admettent généralement que c'est l'accumulation de scènes violentes qui a fini par convaincre l'opinion publique que la guerre du Vietnam n'avait plus de sens et on prévoit qu'il en sera (ou qu'il en est déjà) de même pour la guerre en Irak.

Enfin, pourquoi parler de tel groupuscule antisystème ? Parce que, vu sous l'angle de l'intérêt public en perspective, ses revendications et son action ont un contenu informatif indéniable. Le mouvement altermondialiste qui, à ses débuts, était considéré comme une incongruité, a fait prendre conscience des dangers que court la planète.

DE LA LIMITE À LA LIMITATION

Chaque cas est un cas particulier difficile à jauger et à juger ; c'est pourquoi, afin d'éviter les erreurs, les médias qui en ont les moyens ont un conseil de rédaction mixte patrons-rédacteurs qui tient des réunions de production quotidiennes pour décider du contenu du jour et des jours à venir. Et qui parfois se trompe.

La perfection n'étant pas de ce monde, les médias journalistiques traditionnels et tous les autres moyens et supports servant d'intermédiaires entre les faits et ceux qui les recherchent, les transmettent, en font leur profit ou en sont les victimes, présentent des lacunes, des déficiences et commettent des erreurs. Ce sont non plus des limites aux principes du droit À l'information et de ses corollaires entrant en collision avec d'autres principes, mais des limitations intrinsèques à l'appareil thermodynamique et aux acteurs.

Ces derniers ont, pour leur servir de balises et pour se guider, les règles du droit DE l'information, c'est-à-dire les législations canadienne et québécoise concernant directement ou indirectement l'information prise au sens large.

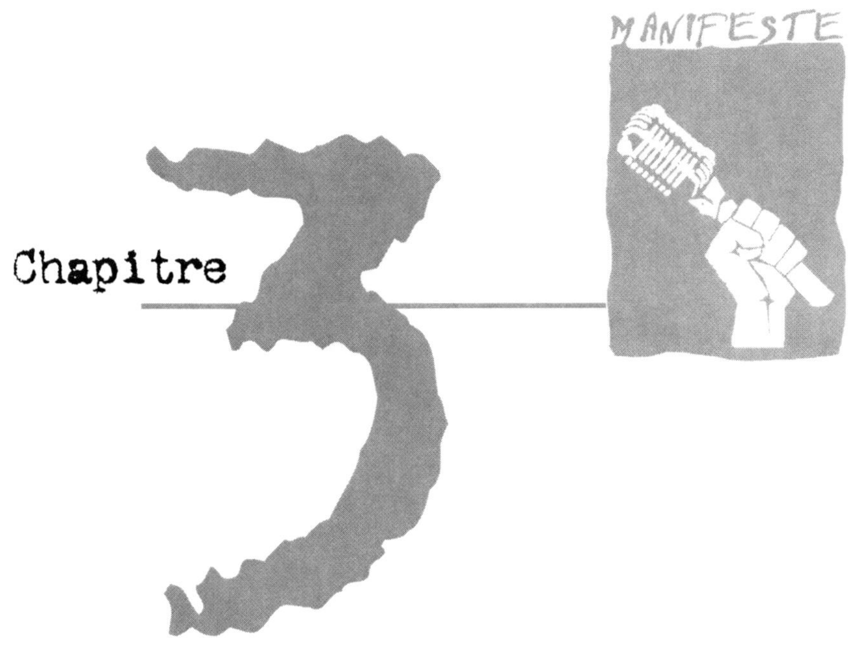

Chapitre 3

LES LIMITATIONS AU DROIT À L'INFORMATION

À la différence de la limite (point que ne peut pas ou ne doit pas dépasser une activité, une influence), la limitation est «l'action de limiter, de fixer des limites et son résultat». Les droits et libertés ne devraient avoir que des limites, mais les hommes et la société étant ce qu'ils sont, il a fallu imposer des limitations.

Si l'on se reporte aux définitions données plus haut, on comprend que toute limitation au droit à l'information implique une limitation à la liberté de l'information et vice-versa. Limitations inhérentes au système de droits et libertés dues à l'obligation de respecter d'autres droits et libertés ayant primauté et prévues par la loi. Avec cette réserve que, la loi étant généralement conçue pour répondre à des besoins du temps présent, nous avons vu qu'elle est souvent en retard sur l'évolution de la société et que, par conséquent, ces limitations finissent avec les années par devenir obsolètes. La plupart de ces limitations légales se trouvent dans le Code criminel canadien et dans les lois connexes. Certaines clauses ne sont plus que rarement sinon jamais invoquées mais elles ne sont pas abrogées. L'arsenal de lois concernant les affaires sociales, la santé, la protection du consommateur, etc., contenant un processus informationnel prévoient aussi des limitations; nous mentionnerons les plus usuelles.

Également, les processus informationnels connaissent des limitations inhérentes à l'appareil thermodynamique, donc, à la nature et aux mécanismes de l'information qui, bien que parfois déplorables, sont excusables.

Mentionnons, enfin, les limitations extérieures imposées par les individus ou les groupes dont c'est l'intérêt et qui sont en fait des violations de la liberté de l'information et du droit à l'information. Certaines de ces dernières, bien que légales, sont illégitimes.

3.1 Limitations inhérentes au système de droits et libertés

Outre les obligations découlant de la Constitution du Canada et de la Charte des droits et libertés de la personne du Québec concernant les droits à la sécurité de la personne, à la protection de la vie privée et de l'intimité, à la dignité et à la réputation ainsi qu'à une justice pleine et entière, on trouve donc la plupart des limitations au droit à l'information et à la liberté de l'information dans le Code criminel et les lois connexes. La Cour supérieure du Québec qui a condamné Jeff Fillion, CHOI FM et ses dirigeants n'avait que l'embarras du choix.

D'une manière générale, le Code criminel du Canada déclare « coupable d'un acte criminel passible d'un emprisonnement maximal de deux ans quiconque, volontairement, publie une déclaration, une histoire ou une nouvelle qu'il sait fausse et qui cause ou est de nature à causer une atteinte ou du tort à quelque intérêt public» (C.C., art. 181). De même, « est coupable d'un acte criminel et passible d'un emprisonnement maximal de deux ans quiconque avec l'intention de nuire à quelqu'un ou de l'alarmer transmet ou [...] obtient que soient transmis par lettre, télégramme, téléphone, câble, radio ou autrement, des renseignements qu'il sait être faux» (C.C., art. 372). Mais ces deux articles sont rarement invoqués et appliqués.

3.1.1. Limitations destinées à assurer la bonne marche des affaires

Toutes les entreprises sont soumises à un ensemble de règles commerciales et administratives, y compris les entreprises de presse. À l'instar de ce qui se passe dans les autres secteurs de l'activité humaine, la Loi sur les journaux et autres publications (L.R.Q., chapitre J-1):

- établit l'obligation de déclarer et d'enregistrer tout journal ou autre publication, avec le titre du journal, les noms, qualités et adresses des propriétaires, éditeurs et imprimeurs;

- décrit les modalités de cette déclaration, tant dans le cas de la fondation d'un journal que dans celui d'un changement de propriétaires;
- reconnaît cette déclaration comme valable devant les tribunaux;
- oblige l'éditeur et l'imprimeur à mentionner leurs noms, titres et adresses dans le journal ou la publication;
- interdit la vente, l'exposition en public ou la circulation des journaux ou publications ne respectant pas ces dispositions;
- prévoit des peines pour les contrevenants.

Dans le domaine de la radio et de la télévision, même s'il est de compétence fédérale en ce qui concerne les licences et les contenus, les règles commerciales et administratives provinciales s'appliquent de la même façon que pour les autres entreprises.

3.1.2. LIMITATIONS DESTINÉES À ASSURER LA SÉCURITÉ MORALE DES INDIVIDUS ET DE LA COLLECTIVITÉ

LA VIE PRIVÉE

Avis aux journalistes, désireux de recueillir des informations confidentielles et d'obtenir le scoop du siècle, qui, parfois sans dire qu'ils sont journalistes, effectuent des interviews au téléphone, les enregistrent et les diffusent sans avoir prévenu l'interviewé. Ou pire, qui interceptent une communication privée après avoir bricolé un téléphone.

Les articles 183 et 184 du Code criminel établissent que «quiconque intercepte volontairement [...] une communication privée [...] est passible d'un emprisonnement maximal de cinq ans». Bizarrement, l'article 193.1 dit exactement la même chose en d'autres termes, donc fait double emploi, mais l'emprisonnement maximal n'est que de deux ans. Même la simple possession de matériel d'interception des communications privées est passible d'une peine maximale de deux ans (C.C., art. 191). Deux ans également pour la divulgation du contenu d'une communication privée sans le consentement de l'auteur et du destinataire (C.C., art. 193).

On l'aura compris, seuls les agents de la paix, les employés des compagnies de téléphone, les techniciens de l'État et ceux d'entreprises d'entretien d'ordinateurs peuvent intercepter une communication privée, à condition d'avoir obtenu l'autorisation d'un juge.

LA RÉPUTATION

Il est interdit de publier « sans justification ni excuse légitime » quoi que ce soit « de nature à nuire à la réputation de quelqu'un ou l'exposant à la haine, au mépris, au ridicule ou destiné à outrager la personne contre qui [elle] est publiée [...] ». Transgresser cette règle constitue un *libelle diffamatoire* punissable de cinq ans de prison maximum si l'auteur sait que la matière publiée est fausse et de deux ans maximum s'il l'ignore (C.C., art. 296, 297, 298, 299, 300, 301). En vertu des règles d'application des peines de cinq ans de prison maximum, le juge peut n'imposer qu'une amende et, dans la pratique, c'est ce qu'il fait.

Le *chantage* au moyen du libelle diffamatoire est lui aussi punissable d'une peine de cinq ans de prison. Le propriétaire du journal ou de la revue est présumé responsable (C.C., art. 303) et non pas seulement l'auteur de l'article. Le vendeur, par contre, n'est pas coupable, sauf s'il sait que le journal qu'il vend contient un article diffamatoire.

Ces dispositions valent pour les journaux, définis comme étant des imprimés périodiques, ou pour des livres, mais elles ne s'appliquent apparemment pas pour un journal qui ne serait publié qu'une seule fois, par exemple à l'occasion d'une campagne électorale. De même, le Code criminel canadien ne contient aucune clause concernant le libelle diffamatoire à la radio, à la télévision et sur Internet ; la personne diffamée peut, en revanche, engager des poursuites au civil et réclamer des dommages et intérêts ; par conséquent, en pratique, les journalistes de la radio et de la télévision se gardent bien de tomber dans la diffamation.

Il n'y a pas libelle diffamatoire si la matière publiée est vraie et sa publication, faite dans l'intérêt public, s'il s'agit d'une réponse à une invitation ou à un défi lancé par la personne visée, si la publication est faite en vue de rechercher une réparation ou un redressement de tort, tout cela à condition qu'il y ait bonne foi et que la matière publiée soit crue vraie. Enfin, il n'y a pas libelle diffamatoire si la matière provient de comptes rendus de débats judiciaires ou parlementaires, de commissions d'enquête ou d'assemblées publiques.

Commet un méfait public (C.C., art. 140) et est passible d'une peine maximale de cinq ans, quiconque accomplit « un acte destiné à rendre une autre personne suspecte d'une infraction qu'elle n'a pas commise, ou pour éloigner de lui les soupçons» ou «en rapportant, annonçant ou faisant annoncer de quelque autre façon qu'il est décédé ou qu'une autre personne est décédée alors que cela est faux».

Il est également interdit de publier le compte rendu d'un procès lorsque l'accusé est un jeune délinquant et, s'il s'agit d'une affaire de mœurs, les détails jugés choquants de façon à protéger la réputation de la victime, la chose étant laissée à l'appréciation du juge. Enfin, un juge de paix présidant une enquête préliminaire «peut, à la demande du poursuivant, doit, à la demande du prévenu, rendre une ordonnance portant que la preuve [...] ne doit pas être publiée dans aucun journal ni être révélée dans aucune émission [...]» (C.C., art. 517 et 539). Enfin, «il est interdit de diffuser dans un journal, à la radio ou à la télévision le contenu de la demande [...] faite à un juge en vue de décider si une preuve est admissible» (C.C., art. 276.1 et 276-3).

LES RENSEIGNEMENTS PERSONNELS

L'individu est suivi par l'administration publique depuis sa naissance jusqu'à sa mort afin de l'enregistrer, le vacciner, le soigner, l'instruire, le contrôler, le payer, le faire payer et, éventuellement, le punir. Pour éviter que cette administration totale ne devienne totalitaire, il est interdit de publier les renseignements qui sont protégés par la Loi sur la protection des renseignements personnels.

Cette loi s'applique d'abord aux fonctionnaires mais touche indirectement les journalistes. Entre autres, sont confidentiels les «renseignements nominatifs» qui permettent d'identifier quelqu'un sauf si leur divulgation est autorisée par la personne qu'ils concernent; si cette personne est mineure, l'autorisation peut être donnée par le titulaire de l'autorité parentale sauf si ces renseignements ont un caractère public (concernant un fonctionnaire par exemple); «un organisme public ne peut communiquer un renseignement nominatif sans le consentement de la personne concernée» sauf au procureur en cas de poursuite pour une infraction, aux policiers pour empêcher une infraction ou «en raison d'une situation d'urgence mettant en danger la vie, la santé ou la sécurité de la personne concernée».

Bien entendu, tout renseignement concernant la tenue d'enquêtes policières doit demeurer confidentiel. Donc, un policier n'a pas le droit de divulguer aux journalistes l'identité des personnes arrêtées même, d'après le contentieux du Service de police de la Ville de Montréal, lorsque ces noms sont affichés au rôle du tribunal !

La Loi sur la protection des renseignements personnels dans le secteur privé contient à peu près les mêmes restrictions et les mêmes obligations. Sauf de rares exceptions, la confidentialité est garantie jusqu'à trente ans après le décès de l'intéressé. Mais cette loi, si elle empêche les médias de chercher et de publier des renseignements confidentiels, n'empêche pas les échanges entre banques, établissements de crédit, fournisseurs de services, employeurs, agences spécialisées qui les recueillent et les commercialisent, échanges favorisés par Internet.

LE DROIT À L'IMAGE

Selon une décision de la Cour suprême du Canada de 1998 (Aubry *c.* Vice-versa) le « droit à l'image » fait partie intégrante de la vie privée et s'il est permis de prendre des photographies (ou des films) dans les lieux publics, il est désormais interdit de publier celles où un individu pourrait se reconnaître sans l'accord de ce dernier. Sauf si cette personne se retrouve dans un événement public, est impliquée dans une affaire du domaine public (procès ou événement économique important) ou si elle figure de façon accessoire et comme faisant partie du décor dans un lieu public.

Ce jugement a soulevé les protestations des professionnels de l'information en raison de l'effet de refroidissement qu'il peut avoir sur la pratique de la photographie et du film journalistiques, ce qui, à leurs yeux, constitue une limitation de leur liberté professionnelle, donc de la liberté de l'information, donc du droit du public à l'information.

LE DEVOIR D'IMAGE

Autre sujet de controverse : le port du voile qui masque le visage en ne laissant voir que les yeux et qui, dans les faits, constitue une importante limitation au droit à l'information sur la personne.

La législation actuelle ne va pas très loin à cet égard. L'article 351 (2) du Code criminel énonce que : « Est coupable d'un acte criminel et passible d'un emprisonnement maximal de dix ans quiconque, dans l'intention de commettre un acte criminel, a la figure couverte d'un masque ou enduite de couleur ou est autrement déguisée. » Il faut donc prouver l'intention criminelle. Or, les Algériennes masquées qui, de 1956 à 1962 pendant la guerre d'Algérie, faisaient sauter des bombes contre les occupants français, n'annonçaient pas à l'avance leurs intentions criminelles. *Idem* aujourd'hui pour les femmes kamikazes de Palestine.

Le Code criminel n'est guère plus ferme au chapitre des substitutions de personnes (articles 403 et 404) pour ceux qui se feraient passer pour d'autres lors d'un examen ou un concours.

Vide juridique complet en ce qui concerne les élections. La Loi électorale du Québec aux articles 335.1 et 2 oblige l'électeur à établir son identité par un document avec photographie. Mais comme il est très difficile d'identifier sur photographie une personne dont on ne voit que les yeux, comment savoir si elle ne va pas passer des « télégraphes » ? En conséquence, avant les élections législatives québécoises de mars 2007, le Directeur général des élections, constatant le vide juridique, s'est appuyé sur l'article 490 de sa loi qui lui permet de prendre des mesures extraordinaires afin de faire face à des situations exceptionnelles, pour exiger que tout le monde se présente aux bureaux de vote à visage découvert.

L'initiative du Directeur général des élections du Québec est louable mais ne remplacera jamais une législation cohérente englobant tous les aspects de la vie en collectivité qui, accommodement raisonnable ou pas, fera disparaître ces limitations au droit à l'information sur la personne.

LA RECHERCHE DE PÈRE ET MÈRE

Les enfants adoptés ont un droit conditionnel à l'information concernant leurs parents. Bien que les dossiers de l'adoption soient confidentiels, l'adopté majeur ou l'adopté mineur de 14 ans et plus a le droit d'obtenir les renseignements lui permettant de retrouver ses parents si ces derniers y ont préalablement consenti.

En revanche, les enfants nés grâce à un don de spermatozoïdes ou d'ovules n'ont pas le droit de connaître l'identité des donneurs. Le législateur estime en effet que ce droit à l'information sur le père ou la mère biologiques entre en conflit avec leur droit à l'intimité et à la vie privée qui doit prévaloir.

En conséquence, au fédéral, la Loi sur la procréation assistée stipule (art. 15): « Le titulaire d'une autorisation [de procéder à la procréation assistée] ne peut communiquer des renseignements médicaux [ndlr: ce qui inclut les renseignements nominatifs] que [si] l'intéressé [ndlr: donc, le donneur] a consenti par écrit à la communication [...] ».

La loi provinciale sur le même sujet n'était pas encore entrée en vigueur au printemps 2007 mais le Code civil du Québec est formel (art. 542): « Les renseignements personnels relatifs à la procréation assistée d'un enfant sont confidentiels. »

Mais le temps passe et certains de ces enfants nés de sperme ou d'ovule de donneurs inconnus sont devenus adolescents ou adultes et, dans la recherche de leur identité, certains se meurent d'envie de connaître leur père ou mère biologiques, au point parfois d'en faire une névrose. Si bien que la loi fédérale ajoute que des renseignements « médicaux » peuvent être communiqués « dans la mesure où l'exige une disposition [...] d'un texte législatif fédéral ou provincial portant sur la santé et la sécurité ».

Or, merveille de la coopération entre Ottawa et Québec, le Code civil précise justement: « Toutefois, lorsqu'un préjudice grave risque d'être causé à la santé d'une personne ou de ses descendants si cette personne est privée des renseignements qu'elle requiert, le tribunal peut permettre leur transmission, confidentiellement, aux autorités médicales concernées » qui, on l'imagine, les communiqueront aux personnes malades de ne pas connaître leur père ou mère biologiques. D'autres pays songent eux aussi à assouplir leur loi concernant l'anonymat des donneurs de spermatozoïdes ou d'ovules.

Pour être complet (même si cela n'a rien à voir avec le droit à l'information), afin d'éviter que les enfants nés par procréation assistée ne puissent réclamer quoi que ce soit aux donneurs de sperme ou d'ovule, le Code civil dégage ces derniers de toute responsabilité civile.

LES BONNES MŒURS

Il est interdit de publier quoi que ce soit qui risquerait de corrompre les mœurs. Est passible de poursuites quiconque « produit, imprime, publie distribue, met en circulation [...] quelque écrit, image, modèle, disque de phonographe ou autre chose obscène » ou « une histoire illustrée de crime » (C.C., art. 163). Est estimée obscène « toute publication dont une caractéristique dominante est l'exploitation indue des choses sexuelles et [des] crimes, horreur, cruauté ou violence». La pornographie juvénile (s'adressant aux moins de 18 ans) peut être punie d'un maximum de dix ans de prison pour la distribution et de cinq ans pour «l'accès à la pornographie» juvénile.

S'agit-il de sécurité morale ou matérielle? Quoi qu'il en soit, il est interdit de faire paraître des annonces de médicaments destinés à provoquer un avortement ou à rétablir la virilité sexuelle ou guérir de maladies vénériennes (C.C., art. 162) ou incitant à parier ou à gager sur le résultat «d'une partie disputée» (C.C., art. 202 et 206) sauf s'il s'agit d'une loterie organisée ou autorisée par les gouvernements ou encore de loteries de charité dont le coût des billets ne dépasse pas 2 $ et les prix, 500 $.

3.1.3. Limitations destinées à protéger la sécurité matérielle des individus et des collectivités

LES PERSONNES

Il est interdit de transmettre des menaces de mort ou de blessures: peine maximale de cinq ans (C.C., art. 264.1). Ajoutons qu'en vertu des articles 21 et 22 il est interdit d'encourager quelqu'un à commettre une infraction; bien que ces deux articles ne mentionnent pas spécifiquement la presse écrite, parlée ou télévisée, ils ne les excluent pas non plus. Il est interdit d'accomplir «un acte en vue d'alarmer Sa Majesté ou de violer la paix» (C.C., art. 49); or publier et diffuser sont des actes.

Il est interdit de publier toute propagande haineuse qui pourrait troubler la paix ou entraîner un génocide contre un groupe «identifiable par la couleur, la race, la religion, l'origine ethnique ou l'orientation sexuelle» que ce soit «par téléphone, radiodiffusion ou autres moyens de communication visuelle ou sonore» et «mots parlés, écrits ou enregistrés par des moyens électroniques ou électromagnétiques ou autrement et des gestes, signes ou autres représentations visibles», ce qui couvre tous les médias, y compris les affiches (C.C., art 318 et 319) et Internet.

LES BIENS

L'article 264 du Code criminel concernant les menaces de mort ou de lésions corporelles couvre aussi les menaces d'atteinte aux biens meubles (y compris les animaux) ou immeubles. Est également coupable d'une infraction quiconque «imprime ou publie toute annonce promettant une récompense pour la remise d'une chose volée ou perdue» en «indiquant qu'il ne sera posé aucune question» ou encore que la personne qui la produit ne sera ni «gênée» ni «soumise à une enquête» (C.C., art. 143).

Les articles 487 et 489 du Code criminel obligent les agents de la paix à se munir d'un mandat de perquisition et de saisie pour «trouver une preuve touchant la commission d'une infraction» ou «toute chose qu'il(s) croi(en)t avoir été obtenue au moyen d'une infraction» ou «avoir été employée à la perpétration d'une infraction» ou «pouvoir servir de preuve touchant la perpétration d'une infraction». C'est en invoquant cet article que les forces policières vont saisir dans les salles de rédaction ou même au domicile de journalistes des documents écrits, radiophoniques ou audiovisuels pour étayer leurs preuves, ce qui, chaque fois, provoque les protestations des organisations professionnelles de journalistes et des propriétaires de médias. Historiquement et généralement, les tribunaux donnent raison aux juges de paix ayant émis les mandats de perquisition. On touche là le problème de la protection des sources journalistiques. Une entente conclue entre, d'une part, la magistrature québécoise et, d'autre part, le Conseil de presse du Québec, la Fédération professionnelle des journalistes du Québec (FPJQ) et la Fédération nationale des communications (FNC) conseille aux juges de n'accorder ces mandats que s'il n'existe aucun autre moyen de trouver des preuves.

LA JUSTICE

On a vu que les juges peuvent décréter le huis clos s'ils estiment «qu'il est dans l'intérêt de la moralité publique, du maintien de l'ordre ou de la bonne administration de la justice ou pour éviter toute atteinte aux relations internationales ou à la défense ou à la sécurité nationale…» (C.C., art. 486.1 et 3). Les journalistes qui enfreignent les directives du juge s'exposent à une accusation d'outrage au tribunal.

De même, «Lorsque la permission de se séparer est donnée aux membres d'un jury, […] aucun renseignement concernant une phase du procès se déroulant en l'absence du jury ne peut être […] publiée dans un journal, ni dans une émission radiodiffusée avant que le jury ne se retire pour délibérer» (C.C., art. 648.1). Enfin, on pourrait conclure de la lecture de l'article 139 que toute action, y compris la publication et la diffusion, destinée volontairement à influencer des témoins, des jurés ou à entraver, détourner ou contrecarrer le cours de la justice vaudrait à son auteur une peine de prison allant jusqu'à dix ans.

LA SÉCURITÉ DE L'ÉTAT

Quiconque « publie ou fait circuler un écrit qui préconise l'usage de la force comme moyen d'opérer un changement de gouvernement au Canada » (C.C., art. 59) ou « prononce des paroles séditieuses, publie un libelle séditieux, participe à une conspiration séditieuse » (C.C., art. 61) ou encore « quiconque volontairement [...] publie, rédige, émet, fait circuler ou distribue un écrit qui conseille, recommande ou encourage chez un membre d'une force, l'insubordination, la déloyauté, la mutinerie ou le refus d'obéir » (C.C., art. 62) encourt une peine allant de 5 ans à 14 ans de prison. La correspondante parlementaire de Radio-Canada qui, en 2006, s'était prononcée contre l'intervention militaire du Canada en Afghanistan, bien qu'elle l'eût fait à titre privé, s'était mise dans une situation difficile vis-à-vis de son employeur qui l'avait par la suite mutée.

Signe des temps : est également coupable quiconque « transmet ou fait en sorte que soient transmis des renseignements [...] susceptibles de faire raisonnablement craindre que des activités terroristes sont ou seront menées sans être convaincu de leur véracité » (C.C., art. 83.231). Pour tout ce qui concerne la sécurité de l'État, et contrairement au principe du droit anglo-saxon par rapport au droit latin, la présomption de culpabilité a primauté sur la présomption d'innocence. Attention donc aux reportages alarmistes sur des rumeurs d'activités terroristes : leur auteur encourt une peine maximale de cinq ans.

Il faut faire une place spéciale à la *Loi sur les mesures d'urgence,* loi qui depuis 1988 remplace la *Loi sur les mesures de guerre* décriée comme antidémocratique et qui avait été appliquée au Québec pendant la crise d'Octobre 1970. Cette loi donne au gouvernement fédéral des pouvoirs extraordinaires en cas de sinistre, de situation d'urgence, de crise internationale et de guerre. Le « gouverneur en conseil » peut proclamer l'état d'urgence après avoir consulté le « lieutenant-gouverneur en conseil » de la province touchée en donnant une description des circonstances le justifiant; il doit soumettre sa décision au Parlement dans les deux jours.

Cette loi concerne directement l'information car son préambule établit que « le gouverneur en conseil [est] assujetti à la Charte canadienne des droits et libertés [...] notamment en ce qui concerne ceux des droits fondamentaux auxquels il ne saurait être porté atteinte même dans les situations de crise nationale ». Ce qui sous-entend qu'il y a des droits fondamentaux auxquels on peut porter atteinte en cas de crise nationale, expression qui n'est d'ailleurs pas définie, et ce qui laisse au « gouverneur en conseil» la possibilité de limiter les libertés d'expression et de presse en s'appuyant sur l'arsenal des clauses restrictives du Code criminel et de la Loi sur la protection de l'information (voir plus bas).

C'est donc une loi répressive car l'expression «gouverneur en conseil» est un euphémisme politique désignant dans les faits le chef du gouvernement, donc le chef du parti ayant la majorité aux Communes; ainsi, l'obligation de se soumettre à l'examen du Parlement peut n'être qu'une formalité si le gouvernement y jouit de la majorité des sièges. Une seule clause de cette Loi sur les mesures d'urgence prohibe nommément la censure; c'est la clause de limitation concernant la crise internationale: «Les décrets et règlements d'application [...] et les pouvoirs et fonctions qui en découlent [...] ne peuvent servir à censurer, interdire ou contrôler la publication ou la communication de tout renseignement, indépendamment de sa forme ou de ses caractéristiques.»

LES SECRETS OFFICIELS

Réagissant aux attentats terroristes survenus le 11 septembre 2001 aux États-Unis, le gouvernement du Canada a fait adopter dès le mois de décembre de la même année la Loi sur la protection de l'information afin de remplacer la Loi sur les secrets officiels qui n'avait guère été modifiée depuis son entrée en vigueur en 1890 et qui était jugée trop générale et surtout ne répondant plus aux besoins actuels concernant la sécurité nationale. Essentiellement, le législateur a créé, outre les États étrangers, de nouveaux acteurs auxquels il sera interdit de communiquer certaines informations: des gouvernements en exil ou autoproclamés, des quasi-gouvernements, des entités étrangères (englobant les groupes ou les personnes agissant pour des puissances étrangères et des groupes terroristes).

La Loi sur la protection de l'information, en plus des atteintes traditionnelles à la sécurité et à la souveraineté nationales (espionnage, trahison), prévoit de nouvelles menaces: contre les collectivités ethnoculturelles du Canada, les secrets industriels et les infrastructures tant publiques que privées. Elle ne fait plus mention *d'informations classifiées* mais de «renseignements à l'égard desquels le gouvernement fédéral ou un gouvernement provincial prend des mesures de protection» comprenant, outre ceux dont la communication constituait un acte d'espionnage ou de trahison, tous ceux dont la communication serait effectuée dans un dessein nuisible à la sécurité ou aux intérêts de l'État, à savoir:

- réalisation d'un objectif politique, religieux ou idéologique ou dans l'intérêt d'une entité étrangère ou d'un groupe terroriste;
- activité terroriste y compris à l'étranger;
- atteinte aux infrastructures essentielles du Canada;
- atteinte à la puissance militaire du Canada;
- atteinte ou menace en matière de sécurité ou de renseignement du gouvernement fédéral;
- atteinte ou menace aux relations diplomatiques ou aux négociations internationales du Canada.

Donc, en plus des informations traditionnellement protégées (chiffres, plans, etc., à usage militaire), on trouve les secrets d'ordre économique ou industriel communiqués à une entité économique étrangère, les «renseignements opérationnels spéciaux», entre autres l'identité des sources confidentielles, c'est-à-dire des informateurs, des agents secrets, des personnes ou des groupes sous enquête par le Service canadien du renseignement de sécurité (SCRS), des renseignements opérationnels spéciaux reçus d'une entité étrangère ou d'un groupe terroriste ou les concernant. Enfin, en plus des personnes traditionnellement astreintes au secret (employés du Service canadien de renseignement de sécurité et de la Gendarmerie royale du Canada), la Loi sur la protection de l'information crée la catégorie des «personnes astreintes au secret à perpétuité». Situation potentielle: ces «personnes astreintes au secret à perpétuité» détentrices d'informations importantes sur une bavure policière ou gouvernementale scandaleuse ne pourront jamais les révéler et les générations futures n'en sauront jamais rien.

Est coupable et passible de peines allant jusqu'à l'emprisonnement à perpétuité quiconque communique des renseignements protégés s'il sait qu'ils le sont ou s'il ne se soucie pas de le savoir, et cela, même s'il n'a pas l'intention de nuire. Le récepteur de l'information protégée est coupable au même titre que l'auteur de l'indiscrétion. Enfin, l'article 23 stipule que «quiconque se rend coupable de complot, tentative ou de complicité après le fait à l'égard d'une infraction à la présente loi ou en conseille la perpétration, commet une infraction et est passible des mêmes peines et sujet aux mêmes poursuites que s'il avait commis l'infraction». Or, dans l'introduction, la loi définit le verbe «communiquer» par «rendre disponible» et, plus loin, les articles 4.1.c et 4.4.a stipulent que le fait de «retenir» une information protégée constitue une infraction.

Par conséquent, tout journaliste et tout organe d'information qui publieraient, donc rendraient disponibles, que ce soit par écrit dans un journal, à la radio ou à la télévision, de tels renseignements protégés seraient susceptibles d'être poursuivis pour complicité et passibles des mêmes peines que celui qui leur aurait donné le scoop. Les peines variant de cinq ans à l'emprisonnement à perpétuité, ce serait payer cher le scoop. À moins, dit l'article 15, qu'ils prouvent avoir agi dans l'intérêt public pour dénoncer la perpétration d'un crime ou pour éviter des pertes de vie, ce qui exclut toute information a posteriori.

LES ÉLECTIONS

Pour terminer ce tour d'horizon des limitations légales au droit et à la liberté de l'information et dans un registre moins dramatique, la Loi électorale du Canada stipule, de façon tout à fait légitime, que « À partir de la veille du scrutin à zéro heure, il est interdit de diffuser ou de faire diffuser par tout moyen de communication au public par voie électronique tout message ayant le caractère de propagande électorale » (art. L49.2). De même, « [...] aucun résultat d'élection, partiel ou définitif, ne peut être communiqué au public par la voie de la presse ou par tout moyen de communication au public par voie électronique, en métropole, avant la fermeture du dernier bureau de vote... » (art. 5.2). Enfin « La veille de chaque tour de scrutin ainsi que le jour de celui-ci, sont interdits, par quelque moyen que ce soit, la publication, la diffusion et le commentaire de tout sondage », même ceux publiés antérieurement.

Ces interdictions s'appliquent à tout référendum ou toute élection partielle ou générale, qu'elle soit municipale, provinciale ou fédérale. Ce qui pose des problèmes techniques particuliers lors d'élections législatives pancanadiennes du fait que des résultats électoraux concernant l'Est du Canada peuvent, en raison du décalage horaire, être connus avant la fermeture des bureaux de scrutin dans l'Ouest et influencer le vote des électeurs de ces régions, que ces informations aient été communiquées par la radio, la télévision satellitaire ou Internet.

3.1.4. La radio et la télévision

Avant la Première Guerre mondiale, le gouvernement fédéral canadien avait accordé un certain nombre de licences à des radiodiffuseurs privés à titre expérimental. Dès 1919, il réglementait afin d'ordonner l'attribution des longueurs d'ondes et des licences commerciales. En 1932, suivant les recommandations de la Commission Aird, le Parlement d'Ottawa adoptait la Loi canadienne de la radiodiffusion. En 1936, une nouvelle loi prévoyait le démantèlement de la Commission canadienne de la radiodiffusion et l'établissement d'un diffuseur public, la Société Radio-Canada dont le Bureau des directeurs devenait l'organisme chargé de la réglementation de l'ensemble du système tant public que privé, ce qui mettait la société d'État dans le rôle de juge et partie. Ce n'est qu'en 1968, que la Loi sur la radiodiffusion crée ce qu'on appelait alors le Conseil de la radio-télévision canadienne (CRTC, déjà) dont nous parlerons plus bas.

MANDAT POLITIQUE

L'actuelle Loi sur la radiodiffusion, qui date de 1991 et s'applique aussi bien à la télévision qu'à la radio, prévoit que:

> 1. Le système de radiodiffusion, composé d'éléments publics, privés et communautaires... offre [...] en français et en anglais un service public essentiel pour le maintien et la valorisation de l'identité nationale et de la souveraineté culturelle. [...] Il [...] d) [...] devrait [...] servir à sauvegarder, enrichir et renforcer la structure culturelle, politique, sociale et économique du Canada.

Donc, malgré le conditionnel, les chaînes et stations de radio et de télévision ont un mandat qui, dans les faits, est politique.

Pour administrer cette loi, le «gouverneur en conseil», donc dans les faits le chef du gouvernement, donc le chef du parti qui, jusqu'aux prochaines élections, dirige le pays, nomme les membres du Conseil de la radiodiffusion et des télécommunications canadiennes (CRTC), peut lui «donner [...] des instructions [...] relatives à l'un ou l'autre des objectifs de la politique canadienne de radiodiffusion...» ou en ce qui touche «[...] le nombre et les fréquences, les catégories de demandeurs [de licence] non admissibles» ou encore «ordonner au Conseil d'adresser aux titulaires de licences [...] un avis leur enjoignant de radiodiffuser toute émission jugée [...] avoir un caractère d'urgence et d'une grande importance». Le gouvernement fédéral peut enfin «[...] annuler ou renvoyer au Conseil pour réexamen [...] la décision de celui-ci d'attribuer, de modifier ou de renouveler une licence, s'il est convaincu que la décision [...] ne va pas dans le sens des objectifs de la politique de radiodiffusion».

Autrement dit, au sens strict de la loi et théoriquement, le gouvernement fédéral canadien pourrait, par CRTC interposé dont les membres sont nommés, payés et révocables par lui, faire fermer une station de radio ou de télévision qui, par exemple, ne contribuerait pas au partage d'une conscience et d'une identité nationales ou qui serait opposé à la politique officielle de multiculturalisme. Dans les faits, le CRTC ordonne rarement la fermeture d'une station de radio ou de télévision pour non-conformité à la Loi sur la radiodiffusion. Quand il le fait, c'est en vertu de ses pouvoirs de réglementation concernant les plaintes pour abus dans les contenus violant certains droits individuels ou collectifs. Le 13 juillet 2004, il a décidé de ne pas renouveler la licence de CHOI FM Québec en raison des « nombreuses plaintes concernant la conduite des animateurs et le contenu verbal en ondes, entre autres au sujet de propos offensants, d'attaques personnelles et de harcèlement ».

Cela dit, le gouvernement fédéral pourrait, en vertu de la Loi sur la radiodiffusion, par l'entremise du CRTC, obliger toutes les chaînes et stations de radio et de télévision du pays à diffuser des émissions jugées avoir un caractère d'urgence et de grande importance. Il convient de rapprocher ce pouvoir du gouvernement fédéral de diffuser tout message en cas d'urgence de celui qu'il possède en vertu de la Loi sur les mesures d'urgence et qui, nonobstant l'obligation de passer devant le Parlement qui peut n'être qu'une formalité, lui permet à toutes fins pratiques de limiter la liberté d'expression et de presse. Donc, légalement dans des situations exceptionnelles, le gouvernement fédéral pourrait imposer la censure et forcer les médias à publier et diffuser sa propre information.

RADIO-CANADA

En ce qui concerne plus particulièrement la Société Radio-Canada, ce mandat politique est encore plus clair. Elle « devrait [...] refléter la globalité canadienne, [...] contribuer au partage d'une conscience et d'une identité nationales [...] refléter le caractère multiculturel et multinational du Canada ».

Pour le plaisir de la chose, rappelons qu'avant 1991 le mandat de Radio-Canada était encore plus ouvertement politique puisque la loi l'obligeait à « contribuer au développement de l'unité nationale et exprimer constamment la réalité canadienne ». Comme au moins 80 % de son auditoire télé était (et est encore) situé au Québec, les informations reflétaient principalement ce qui se passait au Québec alors que la politique fédérale voulait que le Québec soit « une province comme les autres ». Les fonctionnaires fédéraux sachant très bien que les cerveaux sont structurés en fonction de leur environnement et pour freiner l'émergence d'une identité jugée excessivement québécoise, il leur fallait créer un environnement médiatique pancanadien afin de faire contrepoids aux nouvelles de la « belle province ».

Une note de service émanant du chef du Service de l'information déclarait à la fin des années 1970 : « Dans le choix des nouvelles, il faudra avoir à l'esprit que le Téléjournal est plus national que provincial et, conséquemment, penser en fonction du pays tout entier. » On avait donc ménagé un budget information « hors Québec » et créé un poste de reporter itinérant (l'auteur de ses lignes fut le premier détenteur de ce poste) chargé d'aller recueillir des nouvelles dans les autres provinces et jusqu'au Grand Nord où les nouvelles d'intérêt national concernant l'auditoire francophone étaient (et sont encore) rares. Les autres reporters étaient tenus de donner la priorité aux événements survenant en dehors de la province si bien que, pour ne pas passer sous silence les nouvelles régionales du Québec relativement importantes, les journalistes de la salle des nouvelles centrale de Montréal s'arrangeaient pour trouver une connotation canadienne quelconque et allaient enregistrer leur « topo » le long de l'autoroute 401, en territoire ontarien, à quelques kilomètres à l'ouest de la frontière interprovinciale !

3.2 Limitations inhérentes aux conditions et aux circonstances

Les limitations au droit à l'information et à la liberté de l'information peuvent provenir de l'insuffisance des moyens mis en œuvre pour les satisfaire.

3.2.1. Les états d'urgence

Cette insuffisance de moyens est compréhensible et acceptable lorsqu'on fait face à des situations d'urgence. Au Québec, en janvier 1998, la crise du verglas ayant entraîné des pannes d'électricité générales, la population vivant dans le « triangle noir » au sud-est de Montréal a été privée pendant plusieurs semaines d'informations télévisées ; seuls fonctionnaient les récepteurs radio à piles.

3.2.2. Les structures

AILLEURS

L'insuffisance des moyens est également acceptable lorsque les conditions géographiques, économiques et sociales sont difficiles. Dans les régions éloignées où vivent des populations clairsemées et pauvres, où les moyens de communication sont rudimentaires, l'information ne circulera que de façon parcimonieuse.

Dans les montagnes de Mongolie, les nomades suivant leurs troupeaux et vivant dans des yourtes n'ont à leur disposition que la radio ou, plus rarement, la télévision reçue grâce à des récepteurs branchés sur des piles elles-mêmes alimentées par des panneaux solaires qu'il faut démonter et remonter à chaque déplacement. Situation d'autant plus déplorable que la seule source d'informations provient parfois de médias à la solde des autorités gouvernementales comme dans les pays communistes ou de factions politiques comme ce fut le cas au Rwanda avec la Radio des Mille Collines (considérées en partie responsable du génocide de 1994 pour avoir incité ses auditeurs à la haine et au massacre des Tutsis et des Hutus modérés).

Par contre, cette insuffisance de moyens n'est pas acceptable lorsqu'elle est provoquée ou entretenue artificiellement. En Iran, les téléspectateurs ne peuvent recevoir la télévision satellitaire car le gouvernement islamiste interdit les antennes paraboliques.

CHEZ NOUS

Au Canada, pays démocratique modèle, la Société Radio-Canada répondant au vœu du gouvernement fédéral de structurer les cerveaux en fonction d'un grand tout uni d'un océan à l'autre, pouvait sur un simple coup de téléphone recevoir instantanément par câble des informations télévisées de toutes les provinces. Par contre, à cause de l'absence de moyens de communication directs, elle était incapable d'informer correctement son public, composé à 80 % de Québécois, de ce qui se passait au Québec.

Un exemple parmi d'autres, en 15 ans, ses reporters n'étaient allés que trois fois dans la région de Sherbrooke : en août 1977, lorsqu'un directeur de crédit d'une caisse populaire s'était autokidnappé, caché dans un souterrain à Gould pendant 82 jours, réclamant une rançon pour être libéré de ses prétendus ravisseurs ; en août 1978, lorsqu'un autobus de handicapés a plongé dans le lac d'Argent faisant 40 morts ; et en décembre 1983, lorsque les policiers de Rock Forest, croyant arrêter de dangereux bandits, ont tué un pacifique poseur de tapis dans une chambre de motel. Il y avait inadéquation totale entre l'environnement audiovisuel et la réalité sociologique.

Cette situation ubuesque n'a pris fin que dans les années 1985-1990 après la publication du rapport de la commission d'enquête Sauvageau-Kaplan et la modification de la Loi sur la radiodiffusion dont nous venons de voir les grandes lignes et qui oblige les chaînes de radio et de télévision à refléter la réalité des diverses régions. À ce sujet, remarquons toutefois qu'à l'heure où nous écrivons ces lignes, il y a encore au Québec des régions où il est impossible de capter le signal radio ou télé de Radio-Canada, soit par manque d'émetteur, soit parce que la Société n'a pas convaincu les câblodistributeurs d'inclure ses émissions dans le « bouquet » offert à leurs clients. L'article 3.k) de la Loi sur la radiodiffusion déclare en effet que les services de la Société seront « progressivement offerts à tous les Canadiens, au fur et à mesure des disponibilités de moyens ».

3.2.3. La surinformation

Les limitations au droit à l'information peuvent aussi provenir, non plus de l'insuffisance de moyens mais au contraire de la surabondance d'informations. Les prévisions de Marshall McLuhan concernant la transformation du monde en un vaste village global se sont réalisées : grâce aux progrès intervenus dans les moyens de communication, nous pouvons maintenant savoir ce qui se passe en un point quelconque de la planète quasi instantanément. Mais pas partout en même temps puisque la quantité de dépêches provenant du monde entier excède la capacité des appareils de communication. Par ailleurs, malgré toutes les possibilités de compression électronique des textes, la transmission et la diffusion des informations se font de façon linéaire et non simultanée, une nouvelle après l'autre, l'ordre variant selon leur importance relative et le lieu de diffusion.

En outre, la quantité d'informations reçues du monde entier dépasse largement les possibilités de perception, d'interprétation et de rétention des individus. Un exemple vérifiable dans la vie quotidienne : l'abondance et la diversité des informations sur les étiquettes des produits alimentaires a pour résultat de décontenancer le consommateur qui :

- ne possède pas les connaissances scientifiques pour les évaluer,
- est induit en erreur par des chiffres et des pourcentages qui, du point de vue de la santé, peuvent être contradictoires (pas de sel mais des gras trans ou l'inverse ; beaucoup de fibres mais sans doute trop de sucre),

ne dispose pas du temps ni des ouvrages de référence qui lui seraient nécessaires pendant qu'il fait son marché.

Bien des téléspectateurs, une fois la télévision fermée, ne se souviennent plus de la majorité des informations diffusées. Ou plutôt, la perception et la rétention étant subjectives et sélectives, ils ne se souviennent que de celles qui les auront particulièrement frappés soit en raison de leur caractère spectaculaire, soit parce qu'elles correspondent à leurs intérêts. Poussé à l'extrême, le bombardement d'informations significatives et simultanées peut provoquer un blocage du cerveau : on a vu dans le feu de l'action, au cours des deux grandes guerres mondiales, des soldats frappés de narcose subite en plein combat pour échapper à la multitude de perceptions sensorielles auxquelles ils étaient soumis.

De toute façon, la masse de nouvelles venues du monde entier et dans tous les domaines dépasse largement l'espace et le temps disponibles dans les médias ; les journalistes sont donc obligés de faire un tri. Dans le tas, il y a des nouvelles qui ne sont d'aucun intérêt pour le public en général qui veut savoir ce qui se passe dans son environnement immédiat d'abord, dans sa région et son pays ensuite et, accessoirement, ailleurs, plus loin, si c'est vraiment significatif.

Parmi les nouvelles rejetées mais qui doivent céder la place à des événements plus importants survenus dans notre niche écologique, peut-être y en a-t-il de valables ou qui présenteraient un intérêt pour une certaine catégorie de gens. Leur droit à l'information a certainement été limité mais il n'a pas été violé car ces personnes, si elles sont branchées (plus de 60 % des foyers canadiens étaient reliés à un serveur en 2005), peuvent aller sur Internet, trouver le site officiel d'un autre organe d'information que ceux auprès desquels elles ont l'habitude de s'informer et se renseigner en quelque sorte à la source.

3.2.4. La rétro-information

Le droit à l'information étant « le droit fondamental de l'individu et de la collectivité de savoir ce qui se passe et de faire savoir ce qui se passe et que l'on a intérêt à connaître » inclut obligatoirement le « droit de pétitionner » reconnu, on l'a vu, de façon implicite par le roi d'Angleterre Jean sans Terre dans la *Magna Carta* en 1215 et de façon explicite par la reine Marie II dans le *Bill of Rights* de 1689, mais il est loin le temps où les nobles et les bourgeois pouvaient « pétitionner » directement devant leur souverain !

Bien sûr, on a depuis inventé le régime parlementaire : la population peut, théoriquement, transmettre au gouvernement ses doléances en élisant tous les quatre ans des députés qui sont censés connaître et défendre les besoins de leurs électeurs. Sauf que le système de représentation est fondé sur des circonscriptions géographiques dont la population n'est plus homogène comme aux débuts de la démocratie parlementaire. On y retrouve des intérêts divergents, voire carrément opposés : locataires et propriétaires, employés et patrons, cultivateurs et citadins, citoyens de souche et immigrés, francophones et anglophones. Ajoutons que, dans notre système de représentation uninominale à majorité simple, le député n'est élu souvent qu'avec une fraction des voix, ce qui laisse toute une partie de la population sans canal pour communiquer ses besoins et défendre ses intérêts. La possibilité pour les individus et les groupes de faire savoir ce qui les concerne par l'entremise de leur député n'est plus que théorique.

Ce devrait être le rôle des médias de recueillir l'information dans tous les secteurs de l'activité humaine et de porter les faits et les idées à la connaissance de tous. Malheureusement, ils ne le font pas toujours, que ce soit par manque de moyens, manque de volonté investigatrice, crainte d'indisposer les tenants du pouvoir ou peur de choquer la tranquillité d'esprit du grand public. Ainsi, en 1980 et 1992 aux États-Unis, les Noirs des grandes villes n'ont pas trouvé d'autre moyen que de mettre le feu aux taudis de leurs ghettos pour attirer l'attention de la population et des autorités sur leur misère économique, sociale et culturelle. Même réaction de la part des jeunes des banlieues françaises à l'automne 2005 : la seule façon qu'ils ont trouvée de faire connaître leurs difficultés d'intégration et d'emploi, leur manque d'avenir, a été de se révolter et d'incendier des voitures. Quels sont donc les moyens dont dispose la population pour « faire savoir ce qui se passe et que l'on a intérêt à connaître » ?

DROIT DE RÉPONSE, RÉTRACTATIONS ET RECTIFICATIONS

Le droit de réponse est celui de tout individu ou groupe d'exiger que les médias qui l'ont injustement traité ou attaqué publient sa version des faits. Ce droit est reconnu légalement dans la plupart des pays européens (en France depuis la Loi de la presse de 1881) mais pas directement dans les pays anglo-saxons. Dans ces derniers, dont le Canada, le droit de réponse est remplacé par le « *qualified privilege* ». Il faut être anglais et juriste pour bien comprendre cette notion : si un éditeur de journal ne publie pas la réponse de la personne qui se sent attaquée injustement, il perd son « *qualified privilege* », c'est-à-dire son immunité contre toute poursuite éventuelle en dommages et intérêts. Autrement dit, chez nous, personne n'a le droit d'exiger la publication de sa réponse mais si le journal ne la publie pas, il perd son droit à l'immunité. C'est donc à l'éditeur d'évaluer les risques de poursuites en diffamation ; si le plaignant n'est pas assez riche pour engager des frais judiciaires, il peut dire adieu à son droit de réponse ! Pour l'anecdote, rappelons que le *Right of reply* existait en Floride depuis 1913 mais qu'il a récemment été déclaré inconstitutionnel par la Cour suprême des États-Unis comme étant contraire à la liberté d'expression !

Au Québec, le « *qualified privilege* » est inscrit dans la Loi sur la presse *(L.R.Q.*, chapitre P-19) :

> 2. Toute personne qui se croit lésée par un article publié dans un journal et veut réclamer des dommages-intérêts, doit intenter son action dans les trois mois qui suivent la publication de cet article ou dans les trois mois qu'elle a eu connaissance de cette publication pourvu, dans ce dernier cas, que l'action soit intentée dans le délai d'un an du jour de la publication de l'article incriminé. 3. Aucune telle action ne peut être intentée contre le propriétaire du journal, sans que la partie qui se croit lésée, par elle-même ou par procureur, n'en donne avis préalable de trois jours non fériés, au bureau du journal, ou au domicile du propriétaire, de manière à permettre à ce journal de rectifier ou de rétracter l'article incriminé. 4. Si ce journal, dans le numéro publié le jour ou le lendemain du jour qui suit la réception de cet avis, se rétracte d'une manière complète et justifie de sa bonne foi, seuls les dommages-intérêts en réparation du préjudice réellement subi peuvent être réclamés. 5. Telle rétractation doit être publiée par le journal gratis et dans un endroit du journal aussi en vue que l'article incriminé [...] 7. Le journal doit également publier à ses frais, pourvu qu'elle soit *ad rem*, qu'elle ne soit pas démesurément longue et qu'elle soit couchée dans des termes convenables, toute réponse que la partie qui se croit lésée lui fera tenir.

Sauf que cette rétractation ou cette rectification est publiée quand le mal est fait alors que le public ne se souvient plus très bien des détails de l'affaire et rechigne souvent à prendre connaissance de ce qu'il considère comme une chicane entre particuliers. Sauf que, nonobstant la loi et espérant que le plaignant n'aura ni le temps, ni l'argent ni l'envie de se lancer dans un procès, cette réponse n'est pas toujours « dans un endroit aussi en vue que l'article incriminé », donc qu'elle aura peu de chances d'attirer l'attention. Sauf, enfin, qu'elle est presque chaque fois suivie de la réponse du journaliste qui se justifie et a pratiquement toujours le dernier mot. Dans ce cas, cependant, le journal perd son « *qualified privilege* » et risque une poursuite; il le perd également si «la personne qui se croit lésée est accusée par le journal d'une offense criminelle» ou si elle est candidate à une élection parlementaire ou municipale.

À la radio et à la télévision, le droit de réponse se heurte la plupart du temps au manque de temps dans les formats rigides des bulletins d'information. Également, c'est toujours après coup, une fois que le mal est fait; c'est toujours un texte bref qui ne rappelle pas les tenants et aboutissants de l'affaire, affaire que le grand public aura généralement oubliée. Bien que toutes les chartes déontologiques des journalistes reconnaissent le droit de réponse, les rétractations, rectifications et réponses ne concernent que des individus ou des groupes sur des sujets particuliers et elles ne peuvent, en aucun cas, être considérées comme de la véritable rétro-information.

COURRIER DES LECTEURS ET TRIBUNE RADIOTÉLÉPHONIQUE

La plupart des médias écrits publient un courrier des lecteurs et la plupart des chaînes et stations de radio diffusent des émissions invitant les auditeurs à faire part publiquement de leurs commentaires. C'est de l'espace et du temps facilement rempli et cela coûte moins cher que la production d'un article ou d'un reportage. En principe, courriers des lecteurs et tribunes radiotéléphoniques constituent de la bonne rétro-information.

Encore faut-il que, dans les médias écrits, le choix des lettres publiées soit fait de façon judicieuse sans favoriser ou défavoriser une partie plutôt que l'autre, donc que les «pour» et les «contre» soient équitablement répartis. Ce n'est pas toujours le cas; bien des journaux estiment que le courrier des lecteurs dépend de la partie éditoriale et que, par conséquent, il doit respecter l'orientation politique ou les prises de position de l'éditeur. Autre danger: afin de mousser leurs revendications et de faire croire que le grand public est en majorité pour ou contre, certains groupes de pression incitent leurs membres à inonder les journaux de lettres.

Cette monopolisation des réponses se pratique couramment à la radio. Après les émeutes de la Saint-Jean-Baptiste en 1968, à Montréal, des associations politiques avaient donné à leurs membres la consigne de submerger les postes de radio d'appels téléphoniques. Depuis, les stations de radio ont mis en place un dispositif permettant d'interroger brièvement et de sélectionner les intervenants avant leur mise en ondes, mais c'est une opération qui doit se faire très vite et dont le succès, c'est-à-dire l'équilibre des opinions, dépend du jugement du ou de la recherchiste menant les pré-interviews. Autre inconvénient: ce genre d'émissions est habituellement diffusé immédiatement après les principaux bulletins d'information, soit autour de midi et de 18 heures. Or les gens qui ont le temps de téléphoner à ces heures-là font partie d'un public captif: personnes au foyer, immobilisées par suite d'une maladie, d'un handicap ou de l'âge, qui ne représentent pas nécessairement l'éventail de toutes les opinions.

À la télévision, l'appel aux téléspectateurs est moins courant car il n'y a rien de plus statique, donc inintéressant, que de voir à l'écran un animateur ou une animatrice répondre à un interlocuteur invisible. Pour y pallier et faire plus animé, on invite souvent un spécialiste en studio pour commenter les commentaires!

Les téléjournaux vont fréquemment insérer dans le cadre d'un reportage des interviews de particuliers choisis comme exemples typiques permettant d'illustrer et de concrétiser un événement ou une situation, au risque, bien sûr, de voir le cas personnel reléguer à l'arrière-plan le fait journalistique et se substituer à la nouvelle proprement dite. Autre procédé télévisuel: l'interview de «l'homme de la rue», témoin, passant, dont l'opinion est censée représenter celle d'une tranche de la population. À condition que le choix des interviewés soit bien fait et qu'ils aient quelque chose d'intéressant à dire, ce qui n'est pas toujours le cas, la plupart des voisins et passants étant intimidés et se bornant à dire des banalités. Tant à la radio qu'à la télévision, les émissions dites d'affaires publiques permettent de donner la parole aux représentants des diverses tendances de l'opinion publique et de faire s'exprimer les divers points de vue.

L'un des reproches faits parfois au système de lettres à l'éditeur ou de participation à des tribunes radiotéléphoniques est que l'expression d'opinion se fait encore souvent sous le couvert de l'anonymat ou d'un nom d'emprunt, qu'il s'agit donc d'un défoulement sans risque. Les gens qui appellent ne s'engagent pas, au contraire, cet exercice les calme, les soulage un peu comme au cours de séances de psychothérapie. Vues sous cet angle, mal conduites, les tribunes du lecteur ou de l'auditeur peuvent avoir un effet neutralisant et contribuer à la passivité.

Nous verrons que l'apparition des «blogues» sur Internet a donné à tous ceux qui sont branchés, qui en ont le temps et qui savent maîtriser la technique, un espace où ils peuvent à la fois propager des idées et des opinions, parfois des faits peu connus ou ignorés par les médias traditionnels.

ORGANES D'INFORMATION COMMUNAUTAIRES

Alors que reste-t-il à la population qui désire participer au processus général d'information en diffusant son information à elle sur elle-même?

Fonder un journal pour se soustraire au système établi? Avec les difficultés économiques actuelles, c'est risqué car cela exige des capitaux énormes. Au Québec, tour à tour, le *Nouveau Journal, Québec Presse, Le Jour*, l'*Agence de presse libre du Québec* ont échoué. Même *Le Devoir*, seul journal indépendant des grands groupes de presse, aurait disparu il y a quelques années si le groupe Quebecor, à l'insistance de son patron, Pierre Péladeau qui l'estimait indispensable, ne lui avait apporté une aide matérielle précieuse en le distribuant gratuitement en même temps que le *Journal de Montréal*. Et que dire des journaux dits ethniques, des hebdos régionaux et de quartier? Ils ont leur utilité, certes, mais ils ne dépassent pas les limites du groupe social, de la région ou du quartier. Encore que leur lecture peut suggérer bien des sujets de reportages ou d'enquêtes aux journalistes des médias traditionnels.

Il reste la radio et la télévision communautaires. Il y a environ 140 stations de radio communautaire au Canada dont une trentaine au Québec. Sur ces 30 stations québécoises, 22 sont installées dans des villes de moins de 50 000 habitants. Leur budget global atteint 10 millions de dollars dont 20% proviennent de subsides gouvernementaux, 53% de revenus publicitaires et 26% de contributions financières du milieu. Leur programmation porte sur les affaires locales et régionales et sur les effets régionaux des événements nationaux et internationaux. À l'automne 2006, 25 d'entre elles ont décidé de se former en réseau radiophonique communautaire appelé Radiovision dont l'objectif premier semble d'élaborer un programme d'échanges de contenus.

Quant aux télévisions communautaires existant au Québec, elles sont de deux sortes: celles qui sont vraiment issues du milieu et soutenues par le milieu et celles qui sont de simples succursales de chaînes de câblodistribution telles que Cogeco ou Vidéotron. Elles ont un budget global de moins de quatre millions de dollars dont, grosso modo, 40% proviennent de subsides gouvernementaux, 30% de contributions du milieu, 25% de revenus publicitaires et 15% de contributions des câblodistributeurs. Malgré leur prétention à être «le seul espace local et démocratique réservé aux citoyens [...] le reflet des préoccupations des communautés locales et [de] donner l'accès et la parole aux gens ordinaires qui n'ont pas leur place dans les médias de masse», on remarque que leur programmation hebdomadaire moyenne est de 43 heures par semaine dont seulement moins de 4 heures d'informations locales, le reste provenant du câblodistributeur.

Quoi qu'il en soit, à part des jugements de valeur, il n'existe aucune étude permettant d'évaluer l'influence des organes d'information communautaires quant au renforcement d'une identité et d'une conscience collectives à l'échelon régional et de mesurer l'impact de ces voix sur la scène nationale. En définitive, leur efficacité comme structures de rétro-information reste à prouver.

SONDAGES D'OPINION

Le concept d'opinion publique date de la fin du XVIIIe siècle et sa paternité en est attribuée à Jacques Necker, ministre des finances du roi de France Louis XVI, et à l'auteur Jean-Jacques Rousseau. On le définit généralement comme l'*ensemble des attitudes, jugements et convictions individuels de la majorité d'une population donnée.* Dès 1820, puisque le public ne disposait d'aucun moyen de rétro-information, des journaux américains ont commencé à sonder l'opinion publique, mais ce n'est que vers la moitié du XXe siècle que l'on a eu recours aux sondages d'opinion de façon systématique.

Au Canada, l'un des premiers sondages de l'opinion publique a été tenu en 1942 pour connaître à l'avance les résultats probables du référendum sur la conscription. Depuis, les gouvernements, les partis politiques, les médias, les grandes sociétés commerciales utilisent de plus en plus fréquemment les sondages d'opinion afin de prendre le pouls de la population sur tel ou tel sujet. Si bien que, depuis quelques dizaines d'années, avec l'enseignement des statistiques au niveau universitaire, on a vu apparaître des agences ou instituts de sondage.

Automatiquement s'est posée la question de la validité des résultats des sondages. Moment choisi, sélection, taille et représentativité des échantillons de population, nombre et formulation des questions, manière de mener les interviews, méthode de compilation, interprétation et publication des résultats et, bien sûr, identité du commanditaire peuvent influer sur la nature des résultats, qu'il s'agisse de sondages à caractère politique ou à caractère commercial. D'où des inquiétudes sur la capacité du commanditaire d'influencer tout le processus, l'objectivité des sondeurs, la formulation des questions, la fiabilité des résultats et leur influence sur le comportement des individus, qu'ils soient électeurs ou simples consommateurs. Rappelons que la loi électorale canadienne interdit la publication des résultats d'un sondage la veille et le jour d'une élection et que la plupart des agences et instituts de sondage adhèrent à un code d'éthique.

On se souvient des polémiques ayant entouré les référendums sur la souveraineté du Québec en 1980 et en 1995 à propos de la question à poser qui, pour le camp fédéraliste, apparaissait peu claire. Et de la décision du gouvernement fédéral de faire adopter par le Parlement, le 29 juin 2000, la Loi sur la clarification plus connue sous le nom de « Loi sur la clarté » afin d'éviter toute ambiguïté lors d'un référendum sur la sécession d'une province.

Les résultats des sondages constituent d'excellentes informations pour les médias qui en sont extrêmement friands. En période électorale, les sondages font la manchette des journaux et des bulletins d'information et donnent lieu à de nombreux commentaires qui eux-mêmes deviennent de la nouvelle. Les gouvernements font souvent procéder à des sondages confidentiels pour voir comment l'opinion publique réagirait si telle ou telle mesure législative était prise. Dans le domaine social, les médias demandent souvent à leurs lecteurs, auditeurs et téléspectateurs de répondre à des sondages sur des questions d'intérêt général. Il s'agit le plus souvent de sondages maison qui non seulement et en général ne respectent pas une méthodologie reconnue mais qui, en outre, étant à réponse volontaire, n'indiquent que l'opinion de ceux qui ont pris la peine de répondre et qui, par conséquent, ne peuvent donner que des résultats indicatifs. Dans le domaine commercial, les consommateurs ont appris (ou l'apprennent à leurs dépens) à se méfier des sondages bidon qui sont en fait des manœuvres de marketing pour les inciter à acheter des produits ou services dont ils n'ont pas forcément besoin.

HABILETÉ COMMUNICATIONNELLE DES INDIVIDUS ET DES GROUPES

Quoi qu'il en soit de l'efficacité des moyens de rétro-information, le droit « de faire savoir ce que l'on a intérêt à connaître » est fréquemment handicapé par l'inaptitude des individus et des groupes à communiquer. Laissons de côté les particuliers qui, malgré l'existence de leur député, doivent s'en remettre la plupart du temps aux associations de défense de leurs droits, à leur syndicat, aux groupes de pression, parfois, pourquoi pas, à leur employeur quand il s'agit de lutter pour la survie d'une entreprise donc des emplois. Mais, justement, ces organisations sont souvent malhabiles à transmettre au grand public et aux autorités, à travers les médias, la nature de leurs préoccupations, de leurs intérêts, de leurs besoins. Argumentaires mal bâtis qui ne parviennent pas à cerner l'essentiel, porte-parole bafouillant devant les médias, communiqués mal rédigés que les journalistes ne lisent pas, sont courants.

La communication est à la fois une science dont il faut connaître les lois et les règles et un ensemble de techniques qu'il faut apprendre à appliquer. Malheureusement, la communication est mal enseignée dans les écoles, quand elle l'est, et la majorité des organisations de défense des intérêts collectifs sont généralement dirigées par des bénévoles qui ne l'ont pas apprise.

3.3 Limitations inhérentes aux agents et aux moyens de communication

L'existence de moyens de communication variés, puissants, servis par des agents compétents et libres n'est pas une garantie du respect du droit à l'information. L'information est en effet dépendante des technologies de communication, qui ont leurs avantages et leurs limites, et des travailleurs de l'information qui sont des êtres humains avec leurs qualités et leurs défauts.

3.3.1. Les journalistes

Un journaliste est un agent qui recherche les faits, les actions et les idées que l'on a intérêt à connaître et qui les communique au public. Jadis, il n'y avait pas de journaliste et on n'en avait pas besoin. Toutes les informations nécessaires à la vie, qui était simple, se transmettaient d'elles-mêmes de bouche à oreille et de seuil en balcon, d'un bout à l'autre du pays comme une brise. Avec le risque de voir les faits et les actions exagérés ou minimisés, les idées incomprises ou trahies et les rumeurs remplacer la vérité. Mais de nos jours, si l'on veut savoir combien de soldats canadiens sont morts en Afghanistan ou quel est le contenu de la déclaration du premier ministre, il faut que des journalistes se rendent sur place, fassent un compte rendu et le communiquent.

MÉTIERS ET RÔLES

Le journalisme est une profession qui, à l'instar de la médecine ou du droit, comporte des métiers divers.

Le *reporter,* qu'il soit local, régional, national ou « grand » reporter, se rend sur les lieux, constate les faits, rencontre les gens impliqués et envoie des reportages à une agence de presse ou à son média. Le *correspondant* ou *courriériste* est affecté à demeure en un lieu, par exemple le parlement ou un centre important, et entretient une correspondance suivie avec son média sur ce qui se passe dans ce lieu ou ce pays. Reporters et correspondants sont souvent accompagnés d'un photographe ou d'un caméraman.

À l'intérieur des médias, on trouve des *rédacteurs* qui écrivent des articles sans quitter leur bureau, que ce soit pour faire des synthèses, rédiger les bulletins d'information de la radio ou de la télévision ou raccourcir ou compléter les comptes rendus envoyés par les reporters et les correspondants. Ils sont parfois aidés par des recherchistes, sont placés sous la direction d'un *secrétaire de rédaction,* plus communément appelé chez nous *chef de pupitre,* qui trie les nouvelles, choisit celles qui sont d'intérêt et travaille en étroite collaboration avec un *affectateur* qui, lui, décide quel reporter devra aller couvrir tel événement. Dans les grands médias, tous ces gens se rencontrent chaque jour pour discuter du contenu du journal, du radiojournal ou du téléjournal.

Reporters et rédacteurs peuvent être spécialisés (arts, politique, affaires sociales, finances, etc.) et tous sont assistés par des titreurs, metteurs en pages ou en ondes, réalisateurs et techniciens divers. Bien entendu, surtout dans les médias modestes, ces catégories sont souvent théoriques et on voit des correspondants faire du reportage, des reporters toucher à la réalisation ainsi qu'à la technique et même, dans les cas extrêmes, éteindre la lumière et fermer la porte à clef une fois leur journée finie.

Par ailleurs, dans les groupes de presse, il apparaît une tendance à transformer les journalistes en hommes ou femmes à tout faire : assister à l'événement, prendre non seulement des notes mais des images vidéo, rédiger un article pour le journal et un reportage illustré pour le site Internet du média. Ainsi, un reporter du *Journal de Montréal* ou de la chaîne de télévision TVA fera, en plus de son article ou de son *topo,* un papier pour le site Canoë. La Presse canadienne/Canadian Press a inauguré un projet pilote semblable à l'occasion des élections législatives québécoises de mars 2007. Dans les deux cas, les syndicats de journalistes protestent contre cette surcharge de travail qui, d'après eux, risque d'entraîner une réduction du personnel des salles de rédaction et une baisse de qualité de l'information. En 2007-2008, les journalistes du *Journal de Québec* ont été « lock-outés » pendant plus d'un an pour avoir refusé un tel système.

Reporters, correspondants et rédacteurs ne doivent pas (ne devraient pas) donner d'opinions personnelles; en revanche, s'appuyant sur des faits, des informations personnelles et sur leur expérience, ils peuvent très bien, lorsque la chose est nécessaire pour la compréhension de la nouvelle, tirer la conclusion logique d'un événement ou laisser prévoir l'issue logique d'un événement en cours. Émettre des opinions ou des jugements est réservé aux *éditorialistes* qui, rares à la radio et à la télévision, représentent habituellement la tendance politique de leur journal.

FORMATION ET COMPÉTENCE

La mise en pratique et le service des droits fondamentaux mobilisent habituellement une multitude d'agents dûment formés et dont la compétence est certifiée par des diplômes d'État. Ainsi, pour le droit à la sécurité de la personne et des biens, nous avons, rien qu'à Montréal, plus de 6000 policiers; pour le droit à la santé, depuis les ambulanciers jusqu'aux médecins spécialistes, ils sont des milliers; même situation pour le droit à une justice pleine et entière, depuis les clercs de notaire et d'avocat jusqu'aux juges de la Cour d'appel, ils sont aussi des milliers.

Pour servir le droit à l'information, dont nous avons dit qu'il se situait au sommet de la hiérarchie des droits, côte à côte avec le droit à la vie, il y a en tout et pour tout au Québec environ deux mille journalistes professionnels et l'on peut encore devenir journaliste en sachant simplement lire, écrire et parler! Dans la réalité, les journalistes qui savent juste lire, écrire et parler sont une infime minorité, la plupart des médias exigeant maintenant qu'ils aient fait soit des études spécialisées dans les départements ou facultés de communication que l'on trouve dans toutes les universités et même dans certains collèges d'enseignement général et professionnel (cégep), soit des études qui prédisposent au journalisme: droit, lettres, sciences politiques, sociologie.

Mais, à la différence des autres professions, il ne suffit pas d'avoir un diplôme, une compétence et une technique pour réussir, il faut aussi du talent. Le talent est d'abord inné: ce n'est pas tout le monde qui possède, d'abord, un intérêt pour la chose publique, les qualités d'esprit d'observation, de lucidité, d'analyse, de synthèse, de mémoire et, on le verra plus loin, un certain courage pour résister aux pressions, ensuite, la capacité de composer un article ou un «topo» parlé bien tourné, agréable à lire ou à écouter, immédiatement compréhensible, facile à retenir tout en étant objectif et conforme à la réalité et objectif. Le talent peut aussi être cultivé. La Fédération professionnelle des journalistes du Québec organise des stages de perfectionnement; les grands médias aussi. Cela dit, rares sont les formateurs ayant réussi à convaincre leurs stagiaires des différences qui existent entre la communication écrite et la communication orale. L'audition des «topos» insérés dans les journaux radiodiffusés et télévisés est souvent désolante: textes de style littéraire récités sans conviction, on dirait du Marcel Proust ânonné par des élèves du primaire. L'auditeur qui ne se sent pas interpellé finit par décrocher.

3.3.2. Les médias

SURVOL HISTORIQUE

Les médias ne sont pas nés d'hier. La première publication imprimée de langue française, à laquelle on peut donner le nom de média, est la *Gazette de France*, fondée en 1631 par Théophraste Renaudot mais qui n'était pas encore un journal quotidien. Elle avait été précédée du *Avisa Relation oder Zeitung* en 1609, du *Frankfurter Journal* en 1615 et du *Frankfurter Postamzeitung* en 1616. En 1762, la *Gazette de France* devint l'organe officiel du gouvernement de Louis XV, publiée deux fois par semaine.

Le 21 juin 1764, un an après le traité de Paris qui cédait le Canada à l'Angleterre, parut la première *Gazette de Québec – The Quebec Gazette,* bilingue, reconnue comme organe officiel par le gouverneur général James Murray, mais qui a dû cesser de paraître dès octobre 1765 à cause des droits trop élevés exigés par le gouvernement britannique pour l'entretien des colonies. Nous avons vu que le premier journal canadien de langue française a été, en 1778, la *Gazette du commerce et littéraire pour la ville district de Montréal,* dont le rédacteur, Fleury Mesplet, fut d'ailleurs immédiatement arrêté, libéré sous condition puis remis en prison sans jugement. Le premier quotidien de langue française fut le *Journal de Paris* en 1777. Il fallut attendre les révolutions américaine (1774-1781) et française (1789) pour voir apparaître les premiers journaux d'opinion.

Avec la révolution industrielle, la mise au point des presses mécaniques a permis de sortir les premiers journaux quotidiens d'information générale et à grand tirage: le *Sun* de New York en 1833 et *La Presse* de Paris en 1836 qui se vendaient un sou. En 1838, Samuel Morse inventait le télégraphe électrique; la première fois que des journalistes l'ont utilisé pour envoyer leurs reportages remonte à 1855 lors de la prise de Sébastopol pendant la guerre de Crimée. De même, la guerre de Sécession américaine (1861-1865) fut la première à être «couverte» par des reporters photographes. La première transmission de photographies de presse par télécopie a été réalisée en 1911 pour *Le Progrès* de Lyon, entre Paris et Lyon avec un appareil appelé «bélinographe» (l'ancêtre de notre «fax») du nom de son inventeur, Édouard Belin. Apparition de la radio commerciale (par opposition à la TSF) en Pennsylvanie en 1920 et première station de radio commerciale de langue française (CKAC) à Montréal en 1922. Enfin, première station de télévision commerciale à Paris en 1939, suivie bientôt des stations de Londres et New York.

Il y a des quotidiens et des périodiques. À l'intérieur des médias nationaux, on trouve des informations régionales et des chroniques spécialisées et inversement. Également, les grands journaux quotidiens, de même que les grandes chaînes de radio et de télévision, ont des chroniques ou des émissions hebdomadaires. Plus bas, nous verrons que la plupart des médias traditionnels évoluent vers des formules multimédias.

LES MÉDIAS IMPRIMÉS

Peu importe leurs formes, quotidiens, hebdomadaires, revues, magazines ou bulletins internes, les médias imprimés constituent une source importante d'informations. On y trouve dans le même numéro non seulement des nouvelles sur les différents secteurs de l'activité humaine, mais aussi des analyses, des commentaires, des opinions, des retours sur le passé, des projections et des portraits. Les médias imprimés sont des objets solides et relativement durables que l'on peut lire, conserver, relire. Ils favorisent la rétention, la réflexion et le commentaire. Le lecteur doit d'abord procéder à une opération purement intellectuelle: le décodage. Ce n'est qu'après le décodage qu'il a une réaction émotive.

La diffusion des nouvelles est tributaire des opérations de composition, d'impression et de distribution qui prennent du temps; il est difficile, sinon impossible, d'insérer une nouvelle importante survenue en soirée ou dans la nuit, si bien que les journaux imprimés sont souvent en retard sur la radio, la télévision et Internet

Globalement dans le monde, y compris en Europe, les tirages des journaux augmentent, augmentation consécutive au développement économique des pays d'Afrique et d'Asie et des anciens pays communistes. Toutefois, en Amérique du Nord et en Europe, les quotidiens traditionnels voient leur tirage baisser à cause de la concurrence des médias gratuits. D'abord la télévision dès son apparition, puis les sites de nouvelles sur Internet et, enfin, les journaux gratuits qui fleurissent un peu partout dans les grandes métropoles; au Danemark, les journaux gratuits tiraient en 2006 à deux millions d'exemplaires dans un pays qui compte cinq millions d'habitants (*Le Devoir*, 14 mai 2007).

Pour retenir leurs lecteurs, les journaux traditionnels ont d'abord eu recours à une mise en pages plus attrayante et, pour certains tabloïds, au sensationnalisme: du sang, du sexe et du scandale à la une. Puis, la plupart des grands journaux ont fondé leur propre site Internet dans lequel ils résument leur contenu, l'illustrent avec des photographies ou des images vidéo et invitent les lecteurs à participer à des forums de discussion, voire à les alimenter en nouvelles. Des journaux sérieux ont déjà une édition gratuite; celle du quotidien français *Le Monde* s'intitule *Matin plus* et tirait en 2007 à 400 000 exemplaires.

LA RADIO

Avec ses bulletins répétés d'heure en heure et la légèreté de l'équipement requis (un reporter peut entrer en ondes avec son téléphone portable), avec aussi sa faculté d'aller trouver l'auditeur jusque dans sa voiture, la radio est un moyen d'information instantané idéal pour suivre les événements en direct. Sauf quand la radio est utilisée comme fond sonore, l'auditeur est attentif à la voix qui lui parle. Comme il pense à environ 450 mots à la minute alors que le débit normal de la parole est d'environ 150 mots à la minute, cela favorise le recul, la réflexion et la critique. Malheureusement, la plupart des chaînes de radio ne diffusent habituellement que des bulletins d'information brefs, les principales nouvelles en quelques lignes chacune, avec peu de détails sur les causes, les tenants et aboutissants des faits, ce qui donne une information partielle et souvent sans profondeur. Cette profondeur peut être atteinte dans des émissions d'analyses et de commentaires qui, cependant, exigent une disponibilité d'écoute au moment de leur diffusion. La plupart des grandes chaînes de radio sont maintenant présentes sur Internet avec des sites où l'on peut trouver non seulement les nouvelles et les commentaires du jour sous forme écrite mais aussi la retransmission audio de leurs émissions.

LA TÉLÉVISION

Dans les pays occidentaux, la télévision est devenue le plus important moyen d'information de 80 à 90 % des gens qui, l'apprentissage se faisant principalement par la vision, lui accordent une très grande crédibilité, quitte à aller chercher dans leur quotidien du matin la confirmation de ce qu'ils ont vu la veille au soir à la télé. Toutefois, la multiplication des chaînes spécialisées et la facilité avec laquelle on peut passer de l'une à l'autre sans s'y arrêter ont quelque peu réduit l'impact des émissions d'information qui ont toutes subi une légère mais sensible baisse de leur auditoire.

La télévision s'adresse d'abord aux sens de la vue et de l'ouïe, donc provoque d'abord des réactions émotives et, l'image primant sur le contenu, elle favorise peu le recul et la réflexion. Chaque nouvelle ne durant pas plus de deux minutes en moyenne et les progrès technologiques ayant entraîné une mondialisation des images, le téléspectateur a le sentiment d'être informé de tout alors qu'en fait il n'a eu qu'une vue kaléidoscopique de l'actualité.

L'information télévisée en direct, si elle a l'avantage de faire vivre l'événement pendant qu'il se produit, s'adresse d'abord aux sens, donc aux émotions plus qu'à la raison. Elle ne permet pas de prendre du recul, n'incite guère à la réflexion et engendre des réactions souvent empreintes de subjectivité. C'est une des grandes faiblesses des chaînes d'information télévisée continue qui, pour y remédier, s'ingénient à faire suivre ces reportages en direct de périodes d'analyses et de commentaires avec des spécialistes.

Tout comme les quotidiens traditionnels, les télévisions traditionnelles ont subi des pertes de marché d'abord au profit des chaînes spécialisées puis du fait de l'apparition des sites Internet des grands journaux qui offrent maintenant des informations non seulement écrites mais audiovisuelles. Elles n'avaient pas le choix, il leur fallait, elles aussi, se mettre au multimédia. On peut donc maintenant trouver sur Internet les sites des télévisions traditionnelles offrant une sélection de leurs émissions d'information du jour ainsi que des archives avec du texte, du son et du film vidéo. La tendance se maintenant, il existe déjà en Europe des chaînes de télévision diffusant uniquement sur Internet.

3.3.3. Les agences de presse

Les agences de presse sont des organisations publiques ou privées qui ont pour mission de fournir des informations aux médias, que ce soit sous forme de reportages bruts, d'articles de fond, de commentaires et d'analyses, de photographies et de films.

La première agence de presse a été l'Agence Havas fondée en 1835 à Paris par Charles-Louis Havas et qui collectait et distribuait des nouvelles de l'étranger. Elle utilisait les outils de communication de l'époque, soit le cheval et le télégraphe optique mais innovait avec un système de courrier par pigeons voyageurs entre Londres, Bruxelles, Boulogne et Paris. L'apparition du télégraphe électrique en 1845 sera à l'origine de l'essor extraordinaire de l'Agence Havas. Une agence de presse américaine, l'Associated Press, voit le jour à New York en 1848; en 1849, Bernard Wolff crée une agence télégraphique allemande à Berlin puis, en 1851, Paul Julius Reuter fonde à Londres une agence de presse concurrente: Reuters. Ces agences mettent en commun leurs réseaux télégraphiques et se partagent le monde de l'information jusqu'à la guerre de 1914-1918. La United Press International, initialement fondée en 1907 puis acquise par le magnat américain de la presse William Randolph Hearst, est maintenant la propriété du groupe de presse News World Communications qui possède le *Washington Post*; la légende veut qu'en réponse à son reporter à Cuba pendant la guerre hispano-américaine en 1898 désirant rentrer aux États-Unis faute de nouvelle, Hearst lui aurait télégraphié: « Restez. Je m'occupe de la guerre. »

La Presse canadienne/Canadian Press a été fondée en 1917 par une loi du Parlement fédéral. Elle n'était au départ qu'une simple coopérative de distribution de nouvelles fournies par les journaux membres du réseau. Son service de langue française date de 1951. Elle est maintenant pourvue d'un personnel de 300 reporters, rédacteurs, courriéristes et correspondants et d'une filiale, Nouvelles Télé-Radio (NTR), qui fournit des bulletins d'information aux postes de radio et de télévision de province.

On compte actuellement dans le monde une bonne vingtaine d'agences de presse, certaines étant des entreprises privées, d'autres des entreprises d'État ou contrôlées par un gouvernement. Le recours aux agences de presse permet aux médias, qu'ils soient écrits, radiophoniques ou télévisuels d'obtenir des informations sur les régions ou les pays où ils n'ont pas de correspondants ou sur des activités ou des événements qu'ils n'ont pas les moyens de couvrir adéquatement.

3.3.4. Internet

Internet, qui se généralise, ne risque-t-il pas de devenir un média de diffusion sauvage de l'information sans le contrôle et le traitement critique exercés par les journalistes professionnels dans les médias traditionnels?

LE DANGER

En 1998, un Américain, Matt Drudge, s'est rendu célèbre en publiant sur son site Web personnel les confidences téléphoniques de Monica Lewinsky à une amie sur ses relations intimes avec le président Bill Clinton, information reprise par les médias avides de sensationnel. Auparavant, il avait déjà publié d'autres informations plus ou moins scandaleuses qui, elles aussi, avaient été reprises par les médias mais qui, toutes, s'étaient révélées fausses et sans fondement. D'où un débat: avec Internet, va-t-on revenir au temps de la diffusion sauvage des informations sans aucune garantie quant à la véracité des faits?

Évidemment, il y aura toujours des gens prêts à diffuser n'importe quoi, il y aura toujours un public avide de rumeurs et il y aura toujours quelques journalistes prêts à publier n'importe quoi pourvu que ce soit sensationnel et qu'ils soient les premiers à le faire. Mais qu'un canular, une rumeur ou une information confidentielle soient colportés par le bouche à oreille, les journaux, la radio, la télévision ou Internet, c'est toujours un canular, une rumeur ou une information confidentielle qu'il faut prendre avec un grain de sel. Les médias traditionnels prennent maintenant grand soin de vérifier les informations colportées sur Internet et se sont dotés de sites officiels offrant un résumé des contenus publiés dans leurs éditions papier, radiophoniques ou télévisées. Ce sont sur ces sites que peuvent aller les gens désireux d'avoir de l'information sur ce qui se passe aux antipodes et que leurs médias locaux habituels ne publieront pas.

Toutefois, on assiste à un phénomène nouveau: l'apparition de reporters amateurs qui enregistrent des faits et les diffusent sur Internet. La scène de la pendaison de Saddam Hussein, le 30 décembre 2006, a été enregistrée par un témoin sur son téléphone portable et immédiatement transférée sur Internet. Les images de la tuerie qui a fait 33 morts à l'institut Virginia Tech, à Blacksburg en Virginie le 16 avril 2007, ont été enregistrées par des étudiants, immédiatement relayées par les chaînes de télévision et vues par des dizaines de millions de personnes. Ces scènes enregistrées par des amateurs et diffusées sur Internet ont déjà un nom: les « vlogues ». Certains prédisent que l'on ne pourra plus se passer de ce qu'on appelle déjà les « journalistes-citoyens ». C'est la responsabilité des médias traditionnels de juger de l'authenticité des faits rapportés.

LES « BLOGUES »

Les « blogues », qui se multiplient à l'échelle nationale et internationale, constituent des lieux de discussion et d'échanges d'opinions, parfois d'informations authentiques, comparables à l'agora et au forum de l'Antiquité, à la place du village, aux salons des XVIIIe et XIXe siècles et aux cercles politiques actuels. Ils peuvent servir à dénoncer des injustices, corriger des informations fausses, créer des mouvements d'opinion, contourner les systèmes de censure.

Les blogues sont utilisés maintenant par les politiques pour propager leurs idées auprès des internautes et fournir un lieu de rassemblement et d'expression d'opinions aux électeurs. Ils ont joué un grand rôle durant la campagne pour les élections présidentielles françaises de 2007 et un rôle certain, quoique moins important, durant la campagne électorale pour les élections législatives du Québec de la même année. L'ancien premier ministre français Alain Juppé a maintenu le contact avec ses partisans grâce à son blogue pendant l'année qu'il a passé à Montréal en 2005-2006, ce qui lui a permis de se faire réélire sans difficulté à la mairie de la ville de Bordeaux à son retour en France. Les médias traditionnels sont désormais à l'affût de ce qui se colporte sur Internet de la même façon que, il y a quelques dizaines d'années, des journalistes faisaient parler « l'homme de la rue ».

Le téléphone-vidéo portable, le iPod et le YouTube ne sont que les derniers nés d'une série d'appareils d'enregistrement et de communication de l'information qui ont remplacé la vidéo caméra de papa, le magnétophone et la caméra super-huit de grand-papa, la boîte Kodak de l'arrière-grand-papa. Ils seront eux-mêmes remplacés bientôt sans doute par des appareils encore plus petits et plus pratiques d'utilisation et par des outils de communication encore plus rapides et plus efficaces qu'Internet. Quand, au XVIIIe siècle, un Bostonnais à cheval galopait de village en village en criant « *The French are coming! The French are coming!* », les colons américains avaient intérêt à le croire sur parole, quitte à passer quelque temps dans les bois pour rien en cas de fausse alerte car les expéditions des « Montréalistes » étaient redoutées. Aujourd'hui, les médias font, ou devraient faire, leur travail de vérification des sources. La technologie évolue, les principes demeurent.

L'ENCYCLOPÉDIE MODERNE

Outre les informations d'actualité et les expressions d'opinions, Internet est devenu, grâce aux banques de données, un lieu de références où tous ceux qui le désirent et qui ont appris à l'utiliser peuvent obtenir, sans avoir à se déplacer, l'information générale ou spécialisée dont ils ont besoin et qui, auparavant, n'était disponible que chez les auteurs, en librairie ou dans les bibliothèques. Au début du XVIe siècle, Érasme montait sur sa mule et, suivi d'un ânier avec les bagages, voyageait pendant des mois sur les routes de terre des Pays-Bas, de France, d'Italie et d'Allemagne pour recueillir auprès de ses pairs les informations encyclopédiques nécessaires à son œuvre. Aujourd'hui, il voyagerait sur Internet.

Il fut un temps où régnait une certaine inquiétude : qui allait contrôler ces informations ? L'expérience semble montrer que cette inquiétude n'était pas fondée : on trouve sur Internet les textes officiels originaux, les comptes rendus fidèles des événements et le résumé objectif des idées et des théories. Plusieurs éléments de cet ouvrage ont été trouvés sur Internet : « En tant que média, Internet excelle à faire passer l'information des mains de ceux qui la détiennent à ceux qui ne la détiennent pas » (Levitt et Dubner, 2006, p. 105). On y trouve aussi les sites officiels de toutes les entreprises faisant affaire avec le public avec les prix des articles ou des services offerts et la possibilité de passer commande. Ce serait grâce à Internet que les prix des polices d'assurances ont considérablement baissé au cours des vingt dernières années aux États-Unis : « Partir à la pêche au meilleur tarif, entreprise autrefois complexe et astreignante, était devenu soudain facile. Face à une clientèle capable de dénicher le meilleur prix en deux clics, les compagnies les plus chères n'ont pas eu d'autre choix que d'aligner leurs tarifs sur les autres » (Levitt et Dubner, 2006, p. 103). Ce qui, par voie de conséquence, pose un problème d'équilibre financier aux médias traditionnels : une partie du budget de publicité de ces entreprises est diverti sur Internet, aux dépens des médias écrits, de la radio et de la télévision.

3.3.5. Les contenus

Si l'information doit être accessible physiquement, elle doit aussi l'être intellectuellement. La première condition est d'être présentée de façon attrayante pour susciter chez le public l'envie de s'informer, ce qui, parfois, conduit à un excès dans la présentation visuelle et auditive : titres accrocheurs disproportionnés par rapport au contenu qui suit, emploi abusif de la couleur ou de la musique, mise en évidence des nouvelles sensationnelles avec du sang, du sexe et du scandale. La deuxième condition est d'être complète et porte sur la nature des nouvelles retenues : information partielle et information partiale sont presque synonymes. La troisième condition est la qualité de la langue, qui doit être simple sans être simpliste, et le style, qui doit être accessible au plus grand nombre.

APPROXIMATION

La lecture d'un seul journal quotidien pris au hasard est instructive : on trouve des erreurs même dans la première page du *New York Times* ou du *Monde*. Noms propres écorchés ; zéros ajoutés ou retranchés qui transforment des milliers en millions ou inversement ; personnalités mal identifiées ; légendes ne correspondant pas à l'illustration ; fautes de traduction, la plupart des dépêches provenant d'agences de presse utilisant un sabir anglo-saxon comme outil de communication ; déformation de la même nouvelle à cause de sa répétition de salle de rédaction en salle de rédaction et de bulletin en bulletin avec chaque fois le souci de la présenter différemment pour la faire paraître plus fraîche. Cette approximation est due principalement à la rapidité avec laquelle la nouvelle est recueillie, rédigée, transmise, réécrite, imprimée ou diffusée.

SUPERFICIALITÉ

L'obligation de faire vite a un autre inconvénient : les journalistes n'ont souvent pas le temps de faire un travail de recherche sérieux. Pressés par l'heure de tombée (*deadline*), ils évitent de creuser, de vérifier et s'en tiennent aux faits bruts. S'en tenir aux faits bruts est aussi une obligation liée à la nécessité de faire court : à la radio, à la télévision et sur Internet, les nouvelles ne sont souvent qu'un titre suivi de deux ou trois phrases d'explication. Même les quotidiens imprimés traditionnels, se basant sur des études montrant que le lecteur moyen ne lit que les deux ou trois premières phrases d'un article, ont adopté la formule des nouvelles brèves.

Le comble est atteint avec les journaux quotidiens gratuits offerts dans le métro ou avec les manchettes d'une phrase qui sont diffusées en bas de l'écran sur les chaînes d'information télévisée en continu. C'est toujours mieux que rien, mais le public, qu'il soit lecteur, auditeur ou téléspectateur, lui aussi pressé, n'a eu droit qu'à une rapide succession de manchettes donnant un aperçu de l'actualité sans les éléments qui permettraient de comprendre.

OBSCURITÉ LINGUISTIQUE

Quand il peut comprendre ! Car les articles de presse sont souvent émaillés de formules ineptes que le journaliste utilise parce qu'il les a entendues et qu'il les trouve originales mais qui n'ont aucun sens : « Il a fermé la porte à la table de négociation et on ne pourra éviter un bras de fer », « C'est un homme de haut calibre… », « Il a donné le feu vert et a trouvé la clé qui dénouera l'impasse… », etc., toutes expressions du style « allume ta pipe à la pompe » qui sont malheureusement fréquentes sur nos ondes et dans les pages de nos journaux.

Sans parler des termes à la mode, souvent issus d'une langue étrangère mais pris dans un sens qui ne correspond pas à leur signification véritable : *brainstorming* pour réunion, *décade* pour décennie, *initier* pour lancer ou démarrer, *délivrer* pour émettre ou livrer, *discount* pour réduction, *marge* pour bénéfice, *interface* pour liaison ou jonction, etc. Tous ces mots et expressions seront peut-être un jour officialisés par le dictionnaire mais, en attendant, une grande partie du public, comme les gens âgés, les ruraux ou les artisans ne les comprennent pas. Annoncer, c'est savoir ; expliquer, c'est comprendre.

La langue des médias présente souvent un vocabulaire restreint, à la syntaxe et à la grammaire élémentaires ; elle est souvent réduite à des formulations au caractère rituel que les journalistes, pressés ou paresseux, répètent sans se rendre compte qu'elles sont parfois absconses, parfois carrément stupides (voir plus haut), la plupart du temps au sens édulcoré à force d'être répétées. Exemples pris au hasard : « les opposants croisent le fer, Untel a tourné la page et pratique une politique de rupture, le sommet de Paris accouche d'un protocole d'entente, la pierre angulaire des négociations, la proposition de Chose est en fait un cheval de Troie sur lequel il faut faire l'impasse, les parlementaires relèvent leurs manches pour attaquer un nouveau chantier. »

Une telle langue comporte en elle-même un risque d'enfermement au sens marcusien du terme. Si la pensée précède le langage, celui-ci en retour, façonne la pensée en donnant à l'esprit les matériaux cognitifs aptes à élargir le champ conceptuel et la capacité d'appréhension, de compréhension, de réflexion et d'action sur l'environnement. Dilemme : comment simplifier pour atteindre le plus grand nombre sans tomber dans le simplisme interdisant la rétroaction ?

SENSATIONNALISME

Tablant sur l'intérêt du public pour tout ce qui concerne la survie de l'individu et de l'espèce (*cf.* 1.2), certains journaux vont se spécialiser dans les nouvelles sensationnelles : du sang, du sexe et du scandale, souvent du sport à la une, au détriment d'informations peut-être plus importantes pour la vie collective. Le *Journal de Montréal* et le *Journal de Québec* entrent dans cette catégorie des journaux à sensation avec cette nuance que ces deux quotidiens ne négligent pas pour autant dans leurs pages intérieures les informations dites sérieuses. Mais d'autres vont plus loin : par le choix des informations, le retentissement qu'ils leur donnent, les titres dont ils les coiffent, les commentaires qui les accompagnent, la crudité ou la vulgarité des illustrations, ces journaux font carrément appel à la curiosité morbide, à des instincts et à des pulsions primaires. La lecture des « tabloïds » britanniques, qui se spécialisent dans ce genre de journalisme, est particulièrement déprimante. Sachant tout de la vie amoureuse des personnalités en vue, des crimes sordides commis dans le pays, des faits spectaculaires mais socialement peu significatifs, leurs lecteurs, obnubilés et rassasiés par cette pseudo-information, sont volontairement privés des nouvelles qui leur permettraient de se situer dans leur environnement politico-économico-social et de réagir adéquatement sur cet environnement.

Nous serions tentés de ranger dans cette catégorie de médias au contenu apte à détourner l'attention du public de préoccupations « citoyennes » les postes de radio et de télévision spécialisés dans les histoires de vedettes, les blagues, les discussions sur les résultats sportifs et la musique tonitruante et omniprésente coupées par de très brefs bulletins d'informations. Ce genre de programmation, loin d'éveiller les consciences, constitue une entreprise de détournement d'attention. Même remarque pour les émissions d'information-spectacle naviguant entre les variétés ou le burlesque et les informations sérieuses. Ou encore les émissions de style tribune téléphonique que l'animateur transforme en spectacle dont il est la vedette par son arrogance, ses propos frisant la diffamation, la critique excessive et l'appel aux sentiments les moins nobles de ses auditeurs.

UNIFORMITÉ ET CONFORMISME

On pourrait croire que la concurrence existant entre les divers journaux entre eux, les stations de radio et les chaînes de télévision entre elles, est une garantie de qualité. Il n'en est rien la plupart du temps ; les principales nouvelles, qu'elles soient diffusées dans les journaux, à la radio, à la télévision ou sur Internet, se ressemblent toutes, non seulement parce qu'elles portent sur le même sujet mais aussi parce qu'elles sont rédigées de façon presque identique. C'est que, surtout en ce qui concerne les événements internationaux, les médias s'approvisionnement généralement aux mêmes sources : les agences de presse. Certaines de ces agences fournissent les articles tout prêts à être imprimés, les bulletins de nouvelles radio tout prêts à être diffusés, les images vidéo toutes montées et accompagnées d'un texte. En outre, les journalistes se copient souvent les uns les autres, ceux de la radio s'inspirant des nouvelles du journal du matin dont les rédacteurs s'étaient inspirés du téléjournal de la veille au soir.

Même les médias qui ne sont pas inféodés à un parti, ou qui ne soutiennent pas ouvertement telle ou telle cause, cherchent constamment, pour des raisons purement commerciales, à maintenir et, si possible, à accroître leur tirage ou leurs cotes d'écoute. Il leur faut pour cela plaire au plus grand nombre, donc éviter au maximum les critiques, les commentaires et tout ce qui pourrait choquer les opinions déjà faites ou l'absence d'opinion du public. De la même façon que les fabricants de produits alimentaires mettent sur le marché des fromages ou des charcuteries que l'on pourrait donner à des nouveaux-nés ce qui a entraîné une déperdition du goût, les médias offrent trop souvent aux consommateurs d'information des nouvelles incolores, inodores et sans saveur, ce qui réduit l'intérêt pour l'actualité et le sens de la participation aux affaires collectives.

Enfin, les budgets de fonctionnement ayant été réduits dans les salles de rédaction comme partout ailleurs, les journalistes ne sont plus assez nombreux et n'ont souvent plus le temps d'aller chercher des opinions contraires ou des commentaires critiques pour contrebalancer les informations publiées par les grands corps publics. On en arrive à l'acceptation béate de tout ce qui vient d'en haut, le «politiquement correct» s'instaure en maître et bannit toute remise en question des vérités officielles. L'unanimité avec laquelle les médias américains ont accepté la thèse de leur gouvernement sur l'existence des «armes de destruction massive» en Irak en est le plus bel exemple. Une population entière a vu son droit à l'information bafoué par ceux-là mêmes qui auraient dû le servir. Les médias américains ont, depuis, fait leur mea-culpa mais plusieurs milliers de morts et plusieurs milliards de dollars trop tard. Ce qui nous amène à parler de l'objectivité.

3.4 L'objectivité des médias et des journalistes

On invoque le concept d'objectivité un peu à tort et à travers, habituellement chaque fois qu'un journaliste ou un média rapporte une nouvelle d'une manière qui ne nous plaît pas. Il convient de définir le terme et ceux qui s'y rapportent:

OBJECTIVITÉ
Qualité de ce qui donne une représentation fidèle d'un objet, de ce qui est exempt de partialité, de subjectivité, de préjugés; qualité de ce qui est objectif.

OBJECTIF
Se dit d'une description de la réalité (ou d'un jugement sur elle) indépendante des intérêts, des goûts, des préjugés de celui qui la fait.

Passons maintenant aux contraires:

PARTIALITÉ
État d'esprit, attitude d'une personne qui prend parti pour ou contre quelqu'un ou quelque chose, sans souci de justice ni de vérité.

SUBJECTIVITÉ
État, attitude de celui qui considère les choses en donnant la primauté à ses états de conscience.

PRÉJUGÉ

Initialement « opinion qu'on se forme au sujet d'un événement futur » ; indice qui permet de se faire une opinion provisoire ; croyance, opinion préconçue, souvent imposée par le milieu, l'époque, l'éducation.

On peut déduire de ces diverses définitions que, pour être objectif, un article ou un compte rendu journalistique doit être :

- fidèle à l'événement, exact et complet, c'est-à-dire qu'il doit tout relater ; ce qui est partiel risque d'être partial dans la mesure où les omissions sont faites dans l'intention de dénaturer ;
- impartial, c'est-à-dire qu'il ne doit pas prendre parti ou inciter à prendre parti pour ou contre les personnes ou les groupes impliqués ; le journaliste doit faire abstraction de ses goûts, intérêts, opinions, préjugés ;
- non subjectif, c'est-à-dire que son auteur doit faire également abstraction de ses états d'âme ou de conscience et s'effacer en tant que sujet devant l'événement qui constitue l'objet.

3.4.1. Les obstacles à l'objectivité

En tout premier lieu, il y a l'orientation éventuelle des médias en faveur de telle ou telle école de pensée politique, sociale ou religieuse, voire de tel ou tel parti politique ou de telle église. Phénomène relativement rare parmi les quotidiens nord-américains mais plus courant en Europe : *L'Humanité*, autrefois organe officiel du Parti communiste, demeure un organe d'extrême gauche ; *La Croix* est ouvertement chrétienne en général et catholique en particulier.

Au Québec, les journaux et chaînes de radio et de télévision sont officiellement neutres. L'orientation politique ne s'affiche ouvertement que dans les éditoriaux, encore que l'on puisse toujours soupçonner que les articles d'information générale soient sinon orientés, du moins teintés politiquement, coiffés d'un titre et mis en pages de façon conforme aux prises de position des propriétaires. Dans le reste du Canada, nous n'en dirions pas autant : le *National Post* est ouvertement de droite et hostile aux velléités autonomistes du Québec.

Admettons que l'information soit libre, sans contrôle politique, sans orientation du média pour lequel il travaille, il faudrait que le journaliste soit partout à la fois, qu'il puisse tout voir, tout entendre, tout lire, tout comprendre et ensuite tout relater. Ce qui est physiquement impossible. Il y aura toujours une partie du fait qui échappera à sa vigilance, que ce soit une manifestation, une catastrophe naturelle, un congrès, une commission d'enquête, une assemblée, un mémoire ou un rapport. C'est un lieu commun de dire qu'il y a autant de versions d'un accident qu'il y a de témoins. Même le reporter le plus habile ne pourra pas être partout à la fois, ne verra pas les tractations secrètes, n'entendra pas les réflexions de tous les intervenants, n'aura pas le temps de lire les centaines de pages du rapport.

LE CHOIX ÉDITORIAL

En fonction de l'épaisseur du journal, de la durée du bulletin d'information et de l'importance relative du fait, le secrétaire de rédaction limitera la longueur de l'article ou du topo. C'est la tragédie quotidienne que vit tout journaliste : être obligé de réduire son « papier » ou son « topo » en fonction de l'espace ou du temps qui lui est réservé. Le journaliste devra donc faire un choix, déterminer ce qui doit être conservé absolument et ce que l'on peut, à la rigueur, laisser tomber ; cela peut aller, surtout à la radio et à la télévision où le temps est compté, jusqu'à trouver des synonymes comportant moins de syllabes ! Il devra donc exercer son jugement personnel. Et lorsqu'il aura fait ce choix, le secrétaire de rédaction devra à son tour choisir parmi toutes les informations celles qui pourront être diffusées et celles qu'il faudra laisser tomber et, parmi celles qui auront été retenues, la place qui leur sera réservée dans le journal, le radiojournal ou le téléjournal.

Les analyses de contenu permettent de voir comment tel ou tel événement est traité dans les médias. Il existe des agences privées qui calculent le « poids média » des nouvelles, c'est-à-dire la place et l'importance que leur ont accordées les médias dans leur couverture des événements. Place et importance qui évoluent avec le temps et l'occurrence d'autres événements. Ainsi, au Québec, dans la semaine du 12 au 18 février 2007, la campagne électorale provinciale est passée de 2,89 % à 3,36 % puis à 4,35 % de l'espace médiatique (*Le Devoir*, 17 et 18 février 2007). Ces renseignements sont utiles aux organisations qui veulent évaluer le retentissement des événements qui les concernent, qu'elles en soient les auteurs ou qu'elles en subissent les conséquences.

LES CRITÈRES DE PUBLICATION

Les informations, donc les variations énergétiques, n'ont pas toutes la même intensité ni les mêmes effets. Tel coup de tonnerre peut ébranler la maison ou n'être qu'un lointain grondement à mesure que l'orage s'éloigne. Telle campagne électorale aura une importance primordiale, secondaire ou nulle selon qu'elle se déroule chez nous, dans le pays voisin ou aux antipodes. Les médias ont donc des critères de publication.

Le premier de ces critères est **l'actualité**. Une information étant un fait nouveau qui se produit dans l'environnement, telle information sera jugée publiable si elle est nouvelle. Pourtant, nos médias publient fréquemment des articles sur des sujets intemporels, passés ou même futurs, par exemple l'hygiène, la beauté, la Seconde Guerre mondiale ou l'avenir de la planète. Ils tablent sur un autre critère, celui de la **proximité**.

Proximité temporelle qui recoupe le critère d'actualité ou de nouveauté que nous venons d'évoquer. **Proximité spatiale** sur laquelle tablent les médias locaux: on s'intéresse d'abord aux faits nouveaux qui surviennent dans l'environnement immédiat. Plus on s'éloigne, plus l'intérêt baisse. C'est le problème des deux solitudes canadiennes et c'est la difficulté à laquelle se heurte la Société Radio-Canada: la loi l'oblige à assurer un service national couvrant tout le pays mais son auditoire est concentré à 80-90% au Québec; dans quelle mesure doit-elle privilégier les informations québécoises qui n'ont pas grand intérêt pour les habitants des autres provinces?

Également, **proximité affective**, que ce soit dans les domaines socioculturel, professionnel ou politique: une nouvelle méthode de contrôle de la vitesse sur les routes en Europe va intéresser tous les automobilistes d'ici, surtout si les autorités provinciales envisagent de l'adopter chez nous. Proximité affective qui rejoint les préoccupations du grand public ou des publics particuliers en fonction de leurs besoins, intérêts, connaissance antérieure du sujet, préjugés, etc. Le journaliste doit donc tenir compte de certaines considérations sociales, culturelles et politiques selon l'orientation de son média, l'état de l'opinion publique, les traditions et les tabous.

Dans ce domaine, depuis quelques années, on a atteint un sommet: l'éditorialiste américain qui, au printemps 2003, aurait critiqué l'engagement militaire de son pays en Irak aurait été vilipendé; si l'on peut caricaturer Jésus, on ne peut plus caricaturer Mahomet. Au Québec, avant la

Révolution tranquille, on ne pouvait parler de suicide, ni même de femme enceinte ou d'accouchement; il fallait dire: « Untel s'est ôté la vie [...] une future mère [...] a donné naissance... ».

Dernier critère: **l'intérêt intrinsèque** de l'article. S'il contenait tous les détails, même assez importants, il ressemblerait à un contrat d'assurance ou à un compte rendu sténographique judiciaire et sa lecture ou son audition deviendrait vite fastidieuse. La télédiffusion des débats parlementaires concernant les négociations sur le bois d'œuvre ou les mérites respectifs des divers modèles d'avions de transport militaire ne peut intéresser qu'un public restreint. Les courriéristes parlementaires doivent donc, comme tous les autres journalistes, faire une synthèse digeste mais, pour ce faire, ils doivent faire un choix, donc exercer leur jugement personnel.

LA SUBJECTIVITÉ DES JOURNALISTES

Quand on est obligé de faire un choix et d'exercer son jugement personnel, dans quelle mesure peut-on faire complètement abstraction de ses goûts, de ses intérêts, de ses opinions, de ses préjugés?

S'il existe des espèces de surhommes capables de le faire, ils jugeront toujours en fonction de leur intelligence, qui peut être forte ou moyenne, vive ou lente, rationnelle ou intuitive; ils jugeront toujours en fonction de leur instruction, qui peut être poussée, médiocre, générale ou spécialisée; ils jugeront toujours en fonction de leur éducation morale et de l'idée qu'ils se font du bien et du mal; ils jugeront toujours en fonction de leur mémoire, qui peut être excellente ou faillible, et de leurs expériences antérieures, qui peuvent avoir été enrichissantes ou traumatisantes; enfin, ils jugeront toujours en fonction de leur humeur et de leur état d'âme du moment, qui peuvent fluctuer selon l'ensoleillement du jour, l'état de leurs finances, l'harmonie de leur couple, voire une simple grippe.

Par ailleurs, l'homme qui écrit ou qui parle pour communiquer de l'information le fait au moyen de la langue qui est le mode d'expression des personnes et des nations, qui participe de l'identité individuelle et collective, que l'on apprend dès la prime enfance, que l'on qualifie de « maternelle », que l'on utilise dans des contextes socioculturels différents et dont les éléments peuvent avoir des connotations différentes selon les groupes et les générations, dont le contenu émotif est évident, et qui, selon la manière dont on l'utilise, consciemment ou non, n'est jamais neutre.

3.4.2. L'objectivité est un effort

L'objectivité n'existe pas. C'est une qualité au même titre que la cruauté, la bonté, l'honnêteté ou la beauté, etc., pour lesquelles il n'y a pas d'absolu; il ne peut y avoir que des degrés. Bien entendu, il y a toujours un aspect de la réalité physique et historique qui demeure objectif quel que soit le sujet qui l'observe (cet ordinateur est en métal et en plastique, il pleut dehors et la Seconde Guerre mondiale est terminée). Mais la perception, l'appréciation et la représentation de cette réalité objective demeurent subjectives (certains observateurs nient la réalité de la Shoah, d'autres estiment «qu'elle n'est qu'un accident de l'histoire»). Dans certaines circonstances, l'objectivité n'est que la somme, la conjugaison de toutes les subjectivités.

De façon pratique, pour les médias et les journalistes, l'objectivité est un effort constant pour essayer d'être partout, de tout voir et tout entendre, de tout noter, vérifier l'authenticité des sources, se baser sur les faits plutôt que sur les on-dit, faire preuve d'humilité en admettant que sa grille de pensée n'est pas universelle et lutter contre les concepts vidés de leur sens original, comportant en eux-mêmes leur propre contradiction intrinsèque mais «politiquement corrects» et admis comme des «valeurs» immuables (depuis *la bombe nucléaire propre* jusqu'à *l'imposition de la démocratie* en passant par *la liberté économique* et le *Coke diet*). Surtout, savoir se départir de ses goûts, de ses intérêts, de ses opinions, de ses préjugés, de ses états d'âme et de conscience.

Mais attention: à force de vouloir être neutre, on risque de dépersonnaliser et de déshumaniser la communication de l'information. Rendre la vérité inintéressante est un autre moyen de détruire l'objectivité. On peut rester objectif tout en soulignant le caractère particulier de tel événement ou de telle prise de position, montrer son importance relative en donnant ses causes et en décrivant ses effets prévisibles. Être objectif ne veut pas dire décourager le lecteur, l'auditeur et le téléspectateur en présentant des faits bruts sans explication.

Essayer de faire comprendre en passant du cas concret et isolé pour en arriver aux concepts généraux, élargir en passant du connu aux principes existentiels qui sous-tendent ou se dégagent du fait connu, c'est amener les gens à un niveau de réflexion auquel ils n'ont pas forcément le temps ni les moyens d'accéder, c'est les insécuriser. En ce sens, l'information objective est démystifiante, donc subversive, donc dangereuse. L'information est un acte politique.

Lorsque les médias et les journalistes auront fait tous les efforts humainement possibles pour être objectifs, il leur faudra cependant en faire un autre : essayer d'intéresser et de convaincre.

À titre documentaire, citons un sondage d'opinion effectué par l'Université du Québec à Montréal après la fameuse crise du verglas de 1998.

TAUX DE CRÉDIBILITÉ ACCORDÉ AUX ACTEURS SOCIAUX ET POLITIQUES

Autorités politiques	3,3 %
Dirigeants d'organisation	18,7 %
Police, armée et sécurité civile	19,2 %
Médias	**48,2 %**

Il semble donc que, du moins en période de crise, le public accorde plus de crédibilité aux comptes rendus faits par les médias qu'aux déclarations faites par les porte-parole d'organisations, des services de protection civile et des gouvernements (et pourtant relayées par les médias).

3.4.3. La subjectivité du public

La sagesse des nations l'a dit : « Il n'y a pire sourd que celui qui ne veut pas entendre. »

DÉSABUSEMENT

Le grand public fait d'abord preuve d'apathie. En 1972, après la découverte du plus grand scandale ayant éclaboussé les États-Unis, le scandale de Watergate, le président Nixon ayant fait espionner ses opposants démocrates et ayant ensuite menti à l'opinion publique, le magazine *Time* avait publié un essai intitulé « *Is Nobody Indignant Anymore ?* » (Plus personne ne s'indigne ?) dans lequel il s'étonnait que la révélation des turpitudes de ses dirigeants n'arrivait pas à émouvoir la population.

La situation non seulement n'a pas changé mais elle a empiré : on l'a vu, les tirages des journaux quotidiens ne cessent de baisser, de même que les cotes d'écoute des journaux télévisés. La complexité des problèmes collectifs, la multiplication sinon des malversations du moins des erreurs, des dirigeants, et la conviction que « c'est toujours la même chose », qu'« on prend les mêmes et on recommence », que leur participation n'est que fictive, qu'ils sont impuissants, rendent les citoyens désabusés, méfiants, incrédules, non intéressés.

SATIÉTÉ

Également, la multiplication des informations de toutes sortes provenant de toutes parts finit par provoquer un sentiment de satiété qui engendre le désintérêt. Surtout que la plupart de ces nouvelles sont mauvaises : les éruptions volcaniques, raz-de-marée, tornades, accidents maritimes et ferroviaires, s'ajoutant aux scènes de guerre, de révolutions, de famines, aux dénonciations de scandales et aux alertes aux pandémies, submergent le public pour qui ce genre d'information devient la norme quotidienne. Trop, c'est trop.

D'autant plus que la plupart de ces événements se passent aux antipodes, ne nous concernent que très indirectement et que, généralement, les médias les communiquent de façon abrégée sans donner les tenants et les aboutissants et qu'ils n'ont pas trouvé le moyen de faire le lien avec notre destinée particulière. Il est loin le temps où René Lévesque, avec son *Point de mire*, une seule caméra et un tableau noir, parvenait à intéresser le public québécois avec la guerre d'Algérie !

Mentionnons aussi le fait qu'il existe entre les générations des différences de sensibilité, d'expériences, de vocabulaire, donc de culture, si bien que des pans entiers de l'opinion publique peuvent ne pas s'intéresser aux mêmes problèmes et vont réagir différemment face aux mêmes événements. Renoncer à l'information, se maintenir dans l'ignorance est pour un grand nombre de citoyens un moyen de préserver sa tranquillité d'esprit, son identité, son intégrité et sa sécurité personnelle.

PARTISANNERIE

Et puis, à un moment donné, la coupe déborde. Les gens se sentent vraiment menacés et, devant cette menace, ils s'emballent pour une solution, une idéologie, un sauveur.

Chacun se raccroche à ses préjugés, ses croyances et ses opinions antérieures, à ses états d'âme et ses humeurs, à ce qu'il croit être ses intérêts et s'emballe pour une solution ou une personnalité. Le public, après avoir été foncièrement apathique, devient foncièrement subjectif.

La population allemande, vivant passivement les années noires de la dépression économique et de l'inflation galopante, s'est, au début des années 1930, enthousiasmée pour le national-socialisme et son chef Adolf Hitler. Au printemps 2003, la population américaine, traumatisée par les attentats contre le World Trade Center le 11 septembre 2001, avait besoin d'une revanche et elle a endossé unanimement le projet de guerre en Irak. Ceux qui ont tenté de démontrer que l'Irak était étranger à la vague de terrorisme et ne possédait pas d'armes de destruction massive étaient considérés comme complices des ennemis : la France s'étant opposée à cette aventure politico-militaire, les Américains ont cassé les bouteilles de vins français et débaptisé les *French Fries* pour les appeler *Freedom Fries* !

Au Québec, la population, y compris les nationalistes ardents, qui avait subi sans broncher pendant des années le bombardement publicitaire des commandites fédérales, a en 2005 unanimement condamné les malversations ayant accompagné ce programme. Même réaction massive en 2006 contre les projets de construction de la centrale thermique du Suroît et de la privatisation du mont Orford. Tous les arguments logiques que l'on pourrait émettre n'y peuvent rien et les médias qui s'y hasarderaient risqueraient aussi de perdre leur crédit.

On le savait, depuis les combats de gladiateurs il y a 2000 ans jusqu'au dernier match gagné ou perdu par le Club de hockey Canadien, lorsque les champions favoris gagnent, la foule hurle sa joie, lorsqu'ils perdent, elle laisse entendre des cris de déception, elle siffle les joueurs adverses et va jusqu'à s'en prendre à l'arbitre. Le professeur Drew Westen, directeur du Laboratoire de la personnalité et de psychopathologie de l'Université Emory, à Atlanta, aux États-Unis, a démontré, grâce à l'imagerie par résonance magnétique, d'abord que l'information a des répercussions immédiates sur les centres cérébraux, ensuite qu'une information déplaisante ou adverse n'activait pas le centre de la raison mais ceux des émotions négatives telles que la tristesse et le dégoût alors qu'une information positive ou favorable excitait les centres du plaisir et de la satisfaction. Un peu comme un toxicomane réagit selon qu'il est en manque ou qu'il vient de consommer.

Ces constatations confirment le fait qu'une information structurante peut figer des circuits synaptiques et provoquer une mutilation, voire une véritable amputation, de certaines fonctions cérébrales. C'est la raison pour laquelle républicains et démocrates et tous les autres partisans fanatiques réagissent de façon contraire à la même information (*EurekAler*t, *Press release* – 24 janvier 2006).

Pour être complet, voici les résultats d'un sondage effectué en novembre et décembre 2003 auprès de 3 012 Canadiens par le Consortium canadien de recherche sur les médias :

- 80 % des gens croient que le biais des journalistes influence souvent ou parfois les nouvelles ;
- 31 % croient que les reportages sont souvent inexacts ;
- 12 % croient que les propriétaires des médias influencent les nouvelles ;
- 42 % croient que la principale source d'influence provient de groupes d'intérêt politiques ;
- 27 % croient que la principale source d'influence provient de groupes d'intérêt économiques ;
- 56 % croient que la concentration des médias a un aspect négatif sur leur confiance dans ces médias.

3.4.4. La majorité silencieuse

Il n'y a pas un public mais des publics représentant toutes les tendances de l'extrême droite à l'extrême gauche et toutes les couches sociales du bas en haut de l'échelle. Cependant, toutes tendances et toutes couches sociales confondues, on distingue un public actif et un public passif.

Le public actif se subdivise lui-même en une minorité positive et une minorité négative. La minorité positive se tient informée, croit les médias, fait elle-même un effort d'objectivité et décide de ses opinions et de ses attitudes en fonction de l'actualité. La minorité négative est incapable d'objectivité, tient l'information pour une matière dangereuse, les médias pour des instruments de subversion peu crédibles et les journalistes pour des « faiseux de troubles ».

Le public passif, c'est la fameuse « majorité silencieuse » dont bien des politiciens se font les porte-parole autoproclamés. Qui compose cette majorité silencieuse ? D'abord, ceux qui ne peuvent pas parler par incapacité intellectuelle et culturelle, parce qu'ils vivent éloignés de tout, parce qu'ils ne disposent pas des moyens de rétro-information appropriés, parce qu'ils sont submergés par leurs activités et les soucis quotidiens. Ensuite, ceux qui ne veulent pas parler par manque d'intérêt, parce qu'ils n'ont pas d'opinion (les indécis des sondages), parce qu'ils ne veulent pas se nuire ou parce qu'ils ont adopté une attitude de refus, de rejet global et « ne veulent rien savoir ».

La majorité silencieuse, la minorité négative et la minorité positive ne sont pas des corps immuables, figés ; telle partie que l'actualité politique laissera froide se passionnera pour les affaires culturelles ou scientifiques ou inversement. Le public est instable et mouvant : au printemps 2003, le président Bush avait toute l'opinion publique américaine, républicaine comme démocrate, pour lui ; trois ans plus tard, les électeurs, y compris des républicains, donnaient une majorité (mince mais quand même) aux démocrates.

Il est évident que ce n'est pas sur la majorité silencieuse, ni d'ailleurs à plus forte raison sur la minorité négative, que l'on peut compter pour revendiquer le droit à l'information, la liberté de l'information, la liberté professionnelle des journalistes et, en définitive, la libre évolution de la société. On ne peut compter que sur la tranche positive du public actif pour dénoncer et, autant que faire se peut, combattre les violations du droit à l'information.

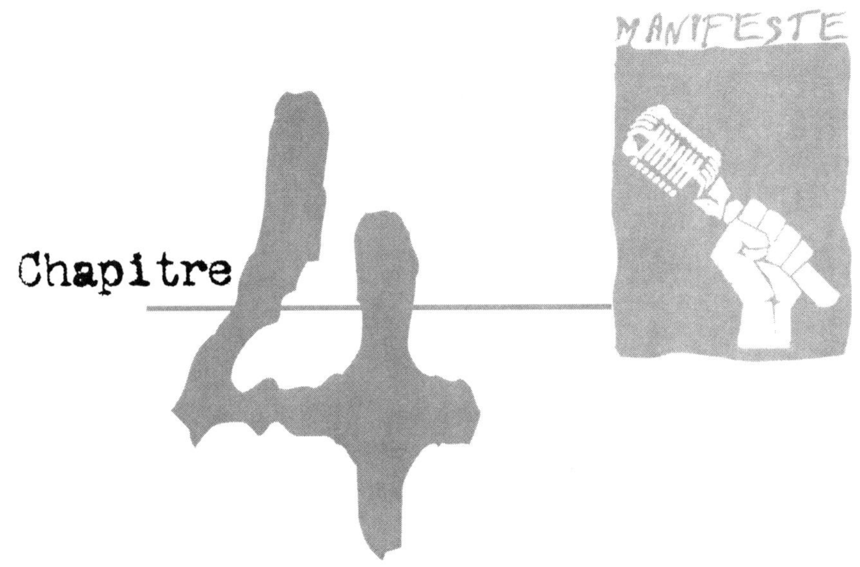

LES VIOLATIONS DU DROIT À L'INFORMATION

L'information doit être accessible au plus grand nombre d'abord physiquement. Elle ne peut provenir que de trois sources : 1) l'environnement physique, socioculturel et politique ; 2) les individus et les groupes qui sont à l'origine des faits ou les vivent ainsi que ceux qui émettent les idées ou les propagent ; 3) les individus et les groupes qui recherchent les faits et les idées, en prennent connaissance et les transmettent au public. C'est donc dans ces trois domaines que vont se produire les violations du droit à l'information qui, tout comme pour les limitations, impliquent automatiquement des violations de la liberté de l'information et inversement, qu'il s'agisse des médias, de la santé, de la consommation, de l'environnement, etc.

Certains commentateurs parlent de « désinformation », terme relativement nouveau tiré de l'anglais *disinformation*. Pourquoi pas ? Mais qu'une information fausse soit présentée comme vraie, qu'une information vraie soit présentée comme fausse, ou présentée partiellement, que son importance soit minimisée ou exagérée, le résultat est toujours le même : quel que soit le caractère insidieux employé, les auteurs de ces manipulations induisent le public en erreur afin de mousser des intérêts n'ayant parfois qu'un lointain rapport avec l'intérêt public véritable. C'est soit du mensonge, soit de l'abus de confiance, soit de la publicité trompeuse, soit de l'information dirigée, soit de la propagande, soit de la censure, toutes violations que, dans le présent chapitre, nous allons essayer d'énumérer, de définir, de décrire, pour ensuite en relever les principaux effets.

4.1 L'invention des faits

FAUX ET USAGE DE FAUX

Qu'elles soient perpétrées par des individus ou des organisations, les falsifications de documents sont courantes. Que ceux qui n'ont pas ajouté une heure dans leur feuille de temps ou triché dans leur déclaration de revenu lèvent la main ! Mais le droit à l'information de celui qui en est victime est toujours violé et elles sont prohibées et punies. Le patron peut vous renvoyer, le ministère du Revenu, vous imposer une amende et, si le cas est grave, le juge peut vous envoyer en prison.

L'article 366(1) du Code criminel définit l'infraction comme suit : « Commet un faux quiconque fait un faux document le sachant faux [afin] qu'il soit employé […] au préjudice de quelqu'un […] d'engager quelqu'un, en lui faisant croire que ce document est authentique, à faire ou à s'abstenir de faire quelque chose ». Ce quiconque-là est passible (art. 367) soit d'une infraction punissable sur déclaration sommaire, soit d'un emprisonnement allant jusqu'à dix ans.

Le média d'information qui publierait un faux portant préjudice à quelqu'un se mettrait dans une situation pénible. C'est ce qui est arrivé au magazine français *Le Nouvel Observateur* qui, à l'automne 2007, a publié le texte d'un message prétendument envoyé par le président Sarkozy à sa femme Cécilia qui venait de se séparer de lui. Le journaliste n'avait jamais vu le message lui-même, on lui en avait seulement parlé. Affirmant qu'il s'agissait d'un faux, le chef de l'État français a déposé une plainte au criminel et ne l'a retirée qu'après la publication d'excuses de la part du magazine.

MACHINATIONS POLITIQUES

Les gouvernements totalitaires n'hésitent pas à inventer de toutes pièces des faits pour inciter les récepteurs de l'information à penser et à orienter leur action de manière à favoriser leurs intérêts politiques. L'exemple historique est celui de l'impératrice Catherine de Russie qui, en 1787, pour impressionner le roi de Pologne lors d'une croisière sur le Dniepr, avait chargé son premier ministre Potemkine d'installer le long du fleuve des villages factices peuplés de figurants jouant les paysans prospères. Sauf que cette démonstration d'opulence a ruiné les provinces dont les populations avaient été déplacées, sans parler du trou dans le budget de l'État.

Autre exemple classique: la dépêche d'Ems, citée dans presque tous les cours de journalisme. En 1870, le chancelier de Prusse, Bismarck, fait publier une dépêche dont il avait modifié le texte de façon à le rendre insultant pour la France. Celle-ci déclare immédiatement la guerre à la Prusse; mal préparée, elle la perd l'année d'après, perdant du même coup et jusqu'en 1918 ses provinces d'Alsace et de Lorraine. Ou encore, toujours en Allemagne en 1933, Hitler faisant incendier le Reichstag et accusant les communistes d'avoir fait le coup pour éliminer ses opposants.

Plus près de nous, on peut parler d'invention de faits et de tromperie délibérée la démonstration effectuée le 5 février 2003 par le secrétaire d'État américain Colin Powell devant le Conseil de sécurité des Nations Unies, avec documents photographiques à l'appui, sur la présence en Irak de prétendues armes de destruction massive, y compris biologiques. Armes qui n'ont jamais existé mais qui ont été le prétexte pour entraîner les États-Unis et leurs alliés dans une guerre inutile, coûteuse en pertes de vie autant civiles que militaires et qui a plongé l'Irak dans un profond marasme.

ESCROQUERIES

Les faits sont parfois inventés de toutes pièces par des entreprises désireuses de gagner de l'argent facilement ou de cacher leur situation précaire ou les deux. L'exemple désormais classique est celui de la compagnie américaine Enron. Cette société, basée à Houston, Texas, était le leader mondial du courtage en énergie avec des actifs de plus de 47 milliards de dollars, un chiffre d'affaires de 101 milliards en 2001 et 21 000 employés répartis dans 40 pays. Mais Enron n'était pas en bonne santé financière. Pour masquer les pertes et continuer à collecter du capital, ses dirigeants avaient adopté une stratégie basée sur le mensonge: établissement de succursales et de sociétés partenaires bidon, transactions virtuelles apparaissant sur des écrans programmés artificiellement et opérés par des figurants dans une salle que l'on faisait visiter aux clients potentiels ébahis. Le tout avec la complicité de la société multinationale de vérification Arthur Andersen qui approuvait ce système de «comptabilité stratégique».

Enron a menti à ses actionnaires, à ses prêteurs, à ses clients, à ses fournisseurs et à ses employés qui, souvent, étaient porteurs d'actions ainsi qu'au public par les médias. Résultat: lorsque la vérité a percé, l'action d'Enron est tombée en six mois de 90 $ à rien, plus de 20 milliards de dettes et, le 2 décembre 2001, la plus grosse faillite de tous les temps. Des milliers de petits actionnaires ruinés, des milliers d'employés en chômage, des fournisseurs impayés, des banques endettées. Les dirigeants d'Enron ont été jugés et condamnés. Le cabinet Andersen ayant perdu sa crédibilité et ses clients a dû fermer ses portes.

INCARTADES JOURNALISTIQUES

L'invention de faits est parfois... le fait des médias eux-mêmes ! Passons sur le serpent de mer dont les médias européens signalent la présence le 1er avril de chaque année ; c'est une galéjade traditionnelle. L'auteur de ces lignes a lui-même inventé le 1er avril 1956, sur les ondes de Radio-Canada, un monstre marin qui remontait le Saint-Laurent et dont la progression a dû cesser par suite de coups de téléphone d'auditeurs inquiets et... d'une crise de colère du chef des nouvelles !

Plus grave est le canular lancé par la Radio-Télévision belge francophone en décembre 2006 concernant la prétendue séparation de la Flandre. Canular mis en ondes avec toutes les apparences de l'authenticité : programmation régulière coupée pour annoncer un bulletin spécial d'information lu par le présentateur habituel du Journal télévisé de la RTBF, reportages en direct avec de vrais journalistes en des endroits stratégiques, interviews de personnalités, etc. Quatre-vingt-dix pour cent des téléspectateurs y ont cru pendant trente minutes jusqu'à l'apparition sur l'écran d'un bandeau indiquant : « Ceci est une fiction. » L'objectif de la RTBF était de provoquer un débat sur les difficultés de cohabitation des Flamands néerlandophones et des Wallons francophones, mais le résultat a été un débat sur le rôle social et politique des médias en général et sur la finesse de jugement des dirigeants de la RTBF en particulier.

4.2 L'occultation des faits

Nous avons vu qu'il est légal et légitime d'occulter des faits quand il est important de préserver la sécurité psychologique et physique des individus, des groupes et de l'État. De tout temps, les gouvernements ont eu des secrets d'État. Sauf que, de tout temps, les gouvernements et les administrations ont eu et ont encore une fâcheuse tendance à considérer comme confidentielles des informations tout à fait inoffensives.

Ainsi aux États-Unis, d'après le magazine *Time*, dans les années 1970, le Département de la défense avait refusé de publier la liste des établissements militaires dont les cafétérias servaient des boissons alcooliques, les photographies des intérieurs des avions de transport des officiers supérieurs et les détails d'une attaque de requins contre des marins qui se baignaient dans la baie de New York en 1916! En France, en 1974, le président de la République, Georges Pompidou, était malade sans que l'on dévoile officiellement la nature de sa maladie. Comme son état empirait, après dix-huit mois d'atermoiements, le gouvernement français a fini par admettre en mars que le président souffrait d'une « lésion bénigne d'origine vasculaire située dans la région anorectale et hyperalgique par intermittence ». Trois semaines plus tard, le chef de l'État mourait... d'une crise d'hémorroïdes bénigne alors qu'en fait c'était un cancer!

Le ridicule ne tue pas sauf les réputations, dit-on. Pour éviter ce genre de situations ubuesques, également pour répondre au besoin d'information grandissant de la population et réagir aux revendications de plus en plus véhémentes des médias, les États démocratiques se sont tous dotés de lois permettant à ceux qui en ont besoin d'avoir accès à l'information gouvernementale et administrative. L'étude des lois canadienne et québécoise d'accès à l'information interviendra plus bas dans le dernier chapitre sur le cadre institutionnel de l'information. Ces lois d'accès n'empêchent pas les gouvernements d'avoir recours à l'occultation des faits quand l'intérêt non pas tant de la population que des gens en place est en jeu.

Au Canada, ce n'est que récemment et par la bande que l'on a appris ce qui a été longtemps caché, à savoir qu'avant la crise d'Octobre 1970, le ministre Pierre Laporte était sous enquête policière et que la Sûreté du Québec possédait sur lui un dossier concernant ses liens avec la pègre montréalaise, que ce dossier menaçait de sortir publiquement, ce qui allait fortement embarrasser le gouvernement provincial. Et même si on connaît maintenant la vérité, les autorités n'ont pas encore débaptisé le pont Pierre-Laporte à Québec! Tout ce qui touche au Front de libération du Québec a fait l'objet d'enquêtes et a été publié, mais on ne sait toujours pas qui était membre de la mystérieuse cellule « Dieppe-Royal 22e » qui, officiellement, est responsable de l'assassinat de Pierre Laporte le 17 octobre 1970.

Ces exemples datent de près de quarante ans et se sont déjà estompés dans la mémoire collective mais encore aujourd'hui, aux États-Unis, le retour des corps de soldats morts en Irak se fait dans la plus grande discrétion pour ne pas alarmer la population. Chez nous, malgré les travaux de la Commission d'enquête du juge Gomery sur le scandale des commandites en 2005, on ne sait toujours pas si les instructions venaient vraiment du bureau du premier ministre comme certaines des personnes impliquées l'ont affirmé. Il peut être utile de préserver la confiance de la population dans ses institutions et c'est sans doute pour cela que les gouvernements hésitent à publier certaines informations. Mais, pendant la Seconde Guerre mondiale, quel mobile a poussé les gouvernements britannique et américain à étouffer l'information concernant la campagne d'extermination des Juifs entreprise en Allemagne, information officiellement transmise par le gouvernement polonais en exil à Londres dès le mois de juillet 1942 et confirmée le mois suivant par le représentant du Congrès juif mondial en Suisse ?

4.3 L'information dirigée

L'INFORMATION OFFICIELLE

Il n'est pas nécessaire, pour influer sur le processus informationnel et orienter l'opinion publique en sa faveur, de cacher des faits. L'expérience prouve que le mensonge, qu'il soit par invention ou par omission, finit toujours par être découvert et quand il l'est, cela fait mauvais effet. Donc, pour ne pas se faire accuser de cacher des faits, il suffit de les mettre en forme d'une manière favorable à ses intérêts. À première vue, rien de mal ici : chacun d'entre nous tente de se présenter de manière avenante et propre à se mettre en valeur ; l'ancien premier ministre du Québec, Robert Bourassa, se faisait toujours photographier et filmer de façon à présenter son profil qu'il estimait le plus flatteur.

Ce souci de se mettre en valeur et de présenter favorablement les faits, même les faits adverses, fait la fortune des agences de relations publiques et des responsables de la communication des organisations gouvernementales, parapubliques et privées. Ils le font d'ailleurs si bien que des journalistes, oubliant le sens de l'analyse critique ou n'ayant pas le temps de démêler ce qui relève de l'exagération ou de la minimisation, se comportent trop souvent en haut-parleur de l'information officielle. Même quand l'information officielle est publiée sans altération de la vérité, elle ne sera jamais que l'émanation d'un seul point de vue et conditionnée par un seul intérêt ; elle ne sera jamais soumise à un examen et à un jugement critique objectif.

Cette information qui, sans être fausse, n'est pas tout à fait vraie a un effet structurant indéniable sur les cerveaux. Il ne s'agit pas d'une mutilation à proprement parler, mais le public qui, de façon répétitive, est soumis à cette information dirigée finit par se forger une opinion et développer une attitude favorable à l'état de choses et aux idées voulus par leurs auteurs. Pendant la Seconde Guerre mondiale, le gouvernement allemand publiait des communiqués au ton triomphaliste qui, de «victoires locales en replis stratégiques sur des positions préparées à l'avance grâce à une tactique élastique et en ayant infligé de lourdes pertes à l'ennemi», abusaient la population qui est tombée de haut lorsque les armées russes sont arrivées à Berlin et que le Troisième Reich s'est effondré lamentablement! De même, pendant trois ans, de 2003 à 2006 inclusivement, le président George W. Bush a proclamé haut et fort qu'en Irak la victoire était proche... jusqu'à ce qu'il soit forcé d'admettre que, non, les forces américaines n'avaient pas gagné. Pas encore!

LE POIDS DU GOUVERNEMENT

Information dirigée également dans les pays où le gouvernement, sans envoyer de censeurs dans les médias, ce qui fait toujours mauvaise impression quand la chose est sue, impose une ligne de conduite aux médias. Il fut un temps où en France, dans les années 1960-1970, la composition des journaux de l'Office de la radio et télévision françaises (ORTF) était effectuée chaque jour dans les bureaux du ministère de l'Information. On ne cachait rien mais on mettait l'accent sur tel aspect ou, au contraire, on minimisait l'importance de tel aspect de la nouvelle.

Information dirigée encore quand la publication de la nouvelle est volontairement retardée ou avancée. Ainsi lorsque des dictateurs tels que Franco en Espagne ou Tito en Yougoslavie sont décédés, leur entourage a retardé la publication de l'événement afin de préparer l'opinion publique et de permettre aux dirigeants d'organiser la passation du pouvoir. Au Canada, c'est une pratique courante pour les gouvernements de retarder l'annonce de la date des prochaines élections législatives, alors que cette date est décidée depuis longtemps, dans l'espoir de prendre les adversaires par surprise et d'effectuer des opérations pré-électorales de dernière heure.

Inversement, les gouvernements se livrent volontiers à des fuites calculées : on confie à un journaliste sous le sceau du secret une information sur un projet quelconque. Bien entendu, le journaliste, tout heureux d'avoir un «scoop», va violer son engagement de confidentialité et publier la nouvelle. Si la réaction de l'opinion publique est défavorable, on peut toujours nier la chose et affirmer qu'il s'agit d'une hypothèse de travail parmi d'autres. Au contraire, si la décision, bien qu'impopulaire, est indispensable à la bonne marche des affaires, on attend que la polémique se soit apaisée pour l'annoncer officiellement. Si la réaction de l'opinion publique est favorable, tout va très bien, on s'empresse de confirmer la nouvelle.

4.4 La propagande simple

De l'information dirigée à la propagande simple, il n'y a qu'un pas vite et fréquemment franchi. Il suffit de mettre un peu plus en valeur les éléments favorables et de minimiser un peu plus les éléments défavorables ou, mieux, d'insister davantage sur les meilleurs éléments favorables et de laisser tomber le reste. Il n'y a d'ailleurs pas de frontière définie entre l'information dirigée et la propagande simple; il n'y a que des gradations jusqu'à l'occultation complète des faits défavorables.

Si l'information dirigée commence déjà à avoir une action sur les structures mentales en provoquant sinon des mutilations du moins des déformations des processus mentaux de perception, d'appréciation et de représentation de la réalité, à plus forte raison la propagande. Même simple, son but n'est plus d'informer dans le sens de mettre au courant mais de conditionner. Le viol des consciences a commencé; l'organe central, le cerveau, n'accomplit plus sa fonction de représenter l'environnement tel qu'il est, il le représente tel qu'on le lui présente. Il y déjà mutilation des structures mentales avec comme conséquence une attitude de pensée et une réaction motrice qui ne correspondent plus aux exigences réelles de la situation. Résultat: ceux qui se laissent prendre adoptent la mauvaise idéologie, s'enthousiasment pour la mauvaise solution, votent pour le mauvais parti.

Pendant la triste guerre d'Algérie, les autorités françaises proclamaient que leurs forces allaient de succès en succès, faisant des hécatombes de fellaghas au point qu'il ne devait plus en rester beaucoup. Mais si l'on additionnait le nombre de combattants algériens tués depuis le début, on arrivait à un nombre, au prorata de la population, supérieur et de loin à celui des résistants français en 1944! Ce qui contredisait la thèse officielle suivant laquelle la rébellion algérienne n'était qu'un mouvement minoritaire. Et les combats ont continué jusqu'aux accords d'Évian du 18 mars 1962... par lesquels la France reconnaissait l'indépendance de l'Algérie!

Par contre, chez nous, pendant les luttes électorales des dernières décennies, les adversaires du Parti québécois montraient partout « la piastre à Lévesque », un billet de un dollar de l'époque coupé en deux, et soutenaient que, advenant l'accession du Québec à la souveraineté, le gouvernement fédéral allait supprimer les allocations familiales et de chômage ainsi que les pensions de vieillesse. Propagande s'adressant directement au paléocortex qui, en définitive, semble avoir triomphé des explications rationnelles de René Lévesque.

Il n'y a pas que les partis politiques ou les gouvernements qui ont les moyens de lancer des campagnes de propagande. Les entreprises mettant sur le marché des biens de grande consommation, automobiles, boissons gazeuses, produits alimentaires, cosmétiques, médicaments, autrefois tabac, font une publicité qui est en fait de la propagande pure et simple. Mais dans ce domaine, le consommateur parvient souvent à distinguer le vrai du faux et à faire la part des choses; il a parfois des besoins précis et il sait ce qui lui convient: malgré leur publicité tonitruante et triomphaliste, les fabricants américains d'automobiles sont au bord de la faillite. Le consommateur peut s'informer auprès d'organismes de défense de ses droits ou en lisant les médias spécialisé[illegible]s la consommation et il est de plus en plus protégé par les lois. L[illegible]ts de voiture sont obligés de rappeler les véhicules défectu[illegible]ies, d'indiquer la nature et la quantité des ingrédients, [illegible]s sont interdits, certaines entreprises font face à des pou[illegible]ont parfois condamnées à dédommager leurs clients lés[illegible]

4.5 La propagande environnementale

La propagande environnementale s'appuie sur les mêmes types d'atteintes au droit à l'information et à la liberté de l'information : exagération, minimisation, occultation, invention mais en les amplifiant, en les systématisant de façon à créer un environnement intellectuel, émotif, sonore et visuel dans lequel l'individu est cerné de toutes parts et submergé, et auquel il ne peut échapper.

LE LANGAGE

D'abord le langage, plus condensé, plus abrégé et répétitif, voire impératif, incite à croire, à accepter, à obéir, à agir. C'est un langage fonctionnel basé sur un vocabulaire limité entraînant une réduction des associations d'idées et sur l'utilisation systématique des jugements de valeur présentés sous la forme de concepts ritualisés. Slogans qui imposent une vérité établie, qui sont immunisés contre la contradiction : des millions d'hommes se sont mutuellement exterminés avec sur leurs ceinturons : « *Gott mit uns* (Dieu est avec nous)… Dieu et mon droit… *In God we trust* (Nous avons confiance en Dieu) ».

Appels aux pulsions enracinées au plus profond de chacun et qui relèvent du paléocortex, voire du cerveau reptilien, concernant la survie, la descendance, le territoire : « *A mari usque ad mare*… Liberté – Égalité – Fraternité – *Todo por la Patria*… Travail, Famille, Patrie ». Expressions toutes faites qui ont perdu leur sens original, qu'on ne peut mettre en doute car elles respectent une certaine logique même si elles recouvrent des incongruités : « retombées nucléaires inoffensives… les Croisés ennemis de Dieu… la démocratie par la force si nécessaire… ». Interpellation directe, personnalisée, mobilisatrice et culpabilisante de l'individu : « *The Nation Needs You*! (Le pays a besoin de vous)… Votre Canada… Votre gouvernement… Voter pour Untel, c'est voter pour vous ! »

Instauration du culte de la personnalité avec déification du leader dont les portraits plus grands que nature sont affichés partout ; le leader qui est identifié au père, créateur, et protecteur suprême du prétendu bien-être collectif. Polarisation de la pensée, élimination de la réflexion, mobilisation de la volonté ; inutile d'insister sur le caractère structurant de ce genre d'information qui, répétée, développe des circuits synaptiques figés produisant des actions réflexes individuelles et collectives. Goethe a dit : « Le langage fabrique les gens plus que les gens ne fabriquent le langage. »

L'ENVIRONNEMENT VISUEL ET SONORE

Ce conditionnement est facilité et accru par l'accaparement de l'attention. Il s'agit d'occuper le plus d'espace et le plus de temps pour mobiliser les sens par la multiplication du nombre des messages sonores et visuels et par l'augmentation de leur intensité. Affiches omniprésentes, banderoles et drapeaux, sigles, insignes et emblèmes, couleurs attirantes, musiques martiales, réclames criardes au ton impérieux et au volume sonore augmenté finissent par avoir un effet hypnotique, voire narcotique. Dans les camps de rééducation nord-vietnamiens, les haut-parleurs hurlaient de façon continue des chants patriotiques et des slogans communistes. La symbolique est utilisée à fond pour déclencher des réflexes de type pavlovien transformant l'individu en automate qui ne peut faire autrement que d'accepter les valeurs dominantes du système.

Au Canada, pays tranquille, peuple débonnaire, gouvernement démocratique, les hauts fonctionnaires fédéraux savaient tout de même que la répétition d'une information structurante finit par créer des grilles de pensée fixes au point d'atténuer la capacité de raisonner et d'endormir l'esprit critique. Ils avaient donc instauré le programme des commandites qui avait pour objectif d'imprimer dans les cerveaux, surtout québécois, le concept du Canada comme puissance supérieure, unie et globalisante en imposant de façon continuelle et partout le seul et simple mot « Canada », bien en vue dans tous les spectacles de masse, les grandes manifestations culturelles, les compétitions sportives et autres rassemblements populaires. À la télévision, tous les jours du matin au soir, sur toutes les chaînes et dans toutes les émissions, toutes les annonces d'événements subventionnés même très partiellement par Ottawa, en bas à droite de l'écran là où les yeux se portent automatiquement, on pouvait voir ce simple logo « Canada ». Une fois oublié le scandale provoqué par la révélation des actes de corruption et de concussion auquel il a donné lieu, le programme des commandites aura sans doute atteint ses objectifs.

LA PROPAGANDE ENVIRONNEMENTALE TOTALE

Le comble de la propagande environnementale est atteint lors des grandes manifestations, événements liturgiques de masse, congrès au leadership des partis politiques, matchs sportifs dans des stades géants, jamborees, etc. La vue et l'ouïe sont accaparées par la mise en scène théâtrale avec enceinte et gradins étagés, arrière-fond aux couleurs vives et chaudes, profusion de drapeaux, banderoles et autres signes symboliques, estrade ou scène surélevée avec éclairages en faisceau pour les leaders ou les vedettes, musiques, discours et slogans sonores tonitruants. Non seulement la vue et l'ouïe sont accaparées mais aussi l'odorat à cause des odeurs d'encens, de foule et de poussière ainsi que le toucher, car les gens sont serrés épaule contre épaule, se prennent les mains, se donnent l'accolade. C'est une loi de la communication : plus il y a de sens concernés, plus la communication est efficace.

S'ajoutent le sentiment de dépersonnalisation né de la fusion dans la masse, la soumission aux leaders utilisant une rhétorique appropriée, l'obéissance aux meneurs de jeux et la déculpabilisation provoquée par l'anonymat. Dans un environnement pareil, le cerveau étant atteint par tous les sens (sauf peut-être le goût), la sur-stimulation produit un effet quasi narcotique, l'individu est plongé dans un état de dépression fonctionnelle et parfois d'hypnose somnambulique. Les photographies et les films pris lors de ces événements montrent des individus gesticulants, aux visages déformés avec des yeux exorbités ou révulsés par l'extase ou l'hystérie. Les participants perdent leurs facultés intellectuelles et sont prêts à accepter et intégrer toutes les suggestions, tous les mots d'ordre qui leur seront donnés. On pense automatiquement aux grands rassemblements nazis au stade de Nuremberg dans les années 1930 (qui se distinguaient des grandes manifestations de masse du 1er mai à Moscou pendant l'ère soviétique car ces derniers étaient « froids », la foule assistant passivement au défilé des troupes et à l'exhibition des dirigeants du régime sans y participer vraiment). On pense aux congrès au leadership des grands partis politiques et… aux finales de la coupe Stanley !

4.6 La censure

Comme toutes les autres formes de violations du droit à l'information et de la liberté de l'information, la censure a pour objectif de pervertir le processus informationnel, soit en supprimant des éléments ou en les déformant, soit en faisant pression sur les journalistes et les médias pour qu'ils se censurent eux-mêmes. Nous traiterons au paragraphe suivant (*cf.* 4.7) les régimes de liberté factice destinés à inciter les médias et les journalistes à pratiquer **l'autocensure**.

LA CENSURE PRÉALABLE

Historiquement et généralement, la censure préalable ou préventive (en anglais *prior restraint*) consiste à examiner un livre, un article de journal, une pièce de théâtre ou un film pour en autoriser ou interdire la publication en tout ou en partie ; elle relève de l'occultation des faits. Elle suppose des censeurs qui, comme au XIXe siècle en Europe, lisaient les journaux avant leur impression et « caviardaient », c'est-à-dire masquaient les passages jugés contraires aux intérêts de l'État ou de l'Église avec de l'encre noire.

Au Québec, les membres du Bureau de censure cinématographique faisaient couper les scènes de films jugées contraires aux mœurs de l'époque. Nous avons vu que la censure préalable est exercée légalement pour protéger la réputation des mineurs, les bonnes mœurs ou la sécurité de l'État. C'est donc en toute légalité que durant la crise d'Octobre, le gouvernement fédéral appliquant la Loi sur les mesures de guerre a pu imposer la censure aux médias québécois. Par contre, c'est en toute illégalité que, durant cette même crise d'Octobre, une émission du poste de radio CKLM de Montréal, dans l'ensemble critique des initiatives et de la politique du gouvernement fédéral, a été brouillée pendant plusieurs jours de façon à la rendre inaudible; on n'a jamais su par qui.

En Chine, les médias occidentaux relatant les protestations et les émeutes antigouvernementales sont tout simplement interdits et les reporters étrangers ne sont pas libres de leurs mouvements. En Europe, pendant la guerre de 1939-1945, les émissions de la radio de Londres étaient systématiquement brouillées par l'Allemagne. Dans cette Allemagne, d'ailleurs, bien que la propriété des médias soit demeurée libre, les journalistes et leurs patrons devant être membres d'une organisation professionnelle contrôlée par le parti nazi, la censure préalable se faisait d'elle-même.

LA CENSURE RÉPRESSIVE

La censure répressive s'exerce après publication des faits soit par un recours aux tribunaux pour interrompre la diffusion d'une nouvelle, ce qui est très mal vu, soit par des pressions directes sur le média concerné, ce qui est encore plus déplorable comme effet car éditeurs et journalistes font figure de victimes pour avoir voulu satisfaire le droit du public à l'information.

Le cas d'école est celui des « Dossiers secrets du Pentagone ». En 1971, un fonctionnaire américain envoie au *New York Times* la copie d'un document officiel mais hautement confidentiel expliquant comment les États-Unis se sont engagés dans la guerre du Vietnam. Pour éviter une « blessure irréparable » à l'image du pays, le gouvernement américain obtient, en vertu de la loi sur l'espionnage, une injonction frappant le quotidien newyorkais qui avait eu le « *scoop* ». Mais voilà, la nouvelle, étant déjà publique, est reprise par le *Washington Post* qui est, lui aussi réduit au silence, puis par le *Boston Globe* qui, à son tour est frappé d'interdiction, puis par le *Chicago-Sun Times* et, ainsi de suite, le *Los Angeles Times*, le *Baltimore Sun*, etc.; la nouvelle a donc fait le tour des États-Unis. C'était du vaudeville politico-judiciaire; le gouvernement américain s'est couvert de ridicule et, cerise sur le gâteau, la Cour suprême a finalement jugé que le gouvernement n'avait pas prouvé que l'interdiction de publier les dossiers secrets du Pentagone était nécessaire pour préserver la sécurité du pays et que, de toute façon, toute tentative d'imposer la censure était inconstitutionnelle.

Depuis les attentats du 11 septembre 2001, les pays occidentaux, dont le Canada, invoquant le besoin d'assurer la sécurité collective contre le terrorisme, se sont à peu près tous dotés de lois restrictives qui n'ont pas été contestées même si nombre de commentateurs ont exprimé des doutes quant à leur constitutionnalité puisqu'elles restreignent certains droits fondamentaux. Au Canada, si l'on se reporte aux articles de la Loi sur la protection de l'information, on peut déduire que tout média et tout journaliste qui publieraient maintenant un document semblable aux dossiers secrets du Pentagone seraient automatiquement accusés de complicité et condamnés au même titre que l'auteur de la fuite.

4.7 Les régimes de liberté factice

Déjà en 1795, de Chamfort disait: « On laisse en repos ceux qui mettent le feu et on persécute ceux qui sonnent le tocsin. » Depuis le début de cet ouvrage, nous avons cité bien des exemples d'entraves à la libre circulation de l'information et au droit du public de savoir ce qui se passe. Nous allons tenter de classer et d'illustrer, si tant est que la chose soit possible, les multiples moyens pris par ceux, généralement des dirigeants politiques mais pas toujours, qui ont intérêt à museler les médias et les journalistes.

4.7.1. Recours à l'a-légalité

Comme la plupart des gouvernements, pour conserver leur étiquette démocratique, hésitent à imposer légalement la censure préalable ou répressive, ils tentent d'obtenir les mêmes résultats par l'utilisation de toute la législation et de toute la réglementation qui donneraient les mêmes résultats ou en profitant de certains vides juridiques. En France, par exemple, sont carrément a-légales les interprétations fantaisistes, sinon abusives, faites par de hauts fonctionnaires n'ayant pas à répondre de leurs actes devant un corps législatif, de principes flous et élastiques tels que la sûreté de l'État, l'ordre public, la bonne administration de la justice, la protection des bonnes mœurs, la reproduction de crimes et délits, la diffamation et l'offense aux corps administratifs, aux hommes publics et au chef de l'État (on peut même être accusé de diffamer la police), tous principes reconnus par la loi mais non définis et qui justifient des mesures arbitraires telles que l'interdiction de publier et la saisie de livres et de journaux.

Au Canada, plus particulièrement au Québec, était carrément a-légale l'étrange entente intervenue en 1963 entre les autorités policières, l'agence Presse canadienne et les dirigeants des médias francophones pour ne publier aucune nouvelle concernant les premiers attentats commis par le Front de libération du Québec, et ce, dans le but de ne pas alarmer la population. Ce qui provoquait des situations grotesques : une bombe éclatait à Montréal et les médias avaient ordre de ne pas en parler ; le lendemain aux Communes, le chef de l'opposition, John Diefenbaker, interpellait le gouvernement à ce sujet, ce qui créait un incident parlementaire dont il fallait rendre compte alors que les médias n'avaient rien publié la veille sur l'attentat lui-même !

Derechef, le 13 février 1973, le vice-président de l'Association canadienne de la radio et de la télévision de langue française, Aurèle Pelletier, déclarait devant une commission de l'Assemblée nationale : « À la suite de ces réunions (avec les corps policiers) nous avons dressé un plan d'action [...] pour que l'information soit présentée de façon beaucoup plus ordonnée... en évitant autant que possible le sensationnalisme [...] pour permettre également à l'autorité en place de ne pas perdre le contrôle de la situation]...] Il y a même des directives qui ont été transmises aux postes de radio et de télévision par l'entremise de la Commission de police du Québec. » (*Journal des débats*, Commissions parlementaires, 3e session, 20e législature, no 136, p. B-8730, 31 et 32.) Qu'adviendrait-il aujourd'hui si une situation d'urgence comparable se reproduisait ?

4.7.2. Pressions juridiques et économiques

ASSIGNATIONS À COMPARAÎTRE

L'abus des saisies administratives et des poursuites judiciaires pour des délits de presse réels ou supposés équivaut, dans les faits, à du harcèlement de caractère politique destiné à asphyxier financièrement les organes d'information visés. Et à inciter les journalistes à pratiquer l'autocensure. Peuvent être également assimilées à des pressions les assignations à comparaître et à témoigner devant les tribunaux adressées à des journalistes ayant obtenu des informations confidentielles ou les saisies de notes, cassettes audio ou vidéo, ce qui évite à la police d'avoir à trouver des preuves. La question ne date pas d'hier: en 1882, en France, un journaliste du *Gaulois* était condamné pour avoir refusé de divulguer ses sources. En 1971, l'auteur de ces lignes et le présentateur des téléjournaux de Radio-Canada, Bernard Derome, ont été obligés de témoigner simplement pour identifier le contenu d'un téléjournal, lors des enquêtes préliminaires de Paul Rose et Jacques Rose accusés de l'enlèvement et du meurtre du ministre Pierre Laporte.

Les journalistes sont ainsi transformés à leur corps défendant en auxiliaires de la police, ce qui est inadmissible dans une société démocratique. En outre, les sources d'information et les informateurs n'étant plus protégés, les journalistes perdent l'accès à des informations d'intérêt public que la population a le droit de connaître. À la suite des protestations répétées de la part des organisations représentant les journalistes du Québec, une entente est intervenue avec la magistrature selon laquelle cette pratique n'interviendrait qu'en dernier recours lorsque aucune autre preuve ne serait disponible. Il est évident que dans une société démocratique, la protection des sources journalistiques est une nécessité, à tel point que des journalistes n'hésitent pas à se faire condamner pour outrage au tribunal plutôt que de les révéler.

PRIVATION DE PUBLICITÉ

Ceux qui détiennent le pouvoir utilisent aussi des moyens économiques pour faire pression sur les médias et inciter les journalistes à s'autocensurer. La plupart des médias ayant besoin de leurs revenus publicitaires pour exister, il est facile pour les administrations gouvernementales ou les grandes sociétés de priver de publicité les médias jugés hostiles. L'Agence de presse libre du Québec, *Québec-Presse* et le quotidien *Le Jour*, tous trois de tendance souverainiste, sont morts d'asphyxie publicitaire et, bien que le Parti québécois recueille, bon an mal an, de 30 à 40 % des intentions de vote et des suffrages, instruit par l'échec financier du quotidien *Le Jour* et par crainte de ne pas avoir suffisamment de publicité gouvernementale ou autre, il n'a jamais pris le risque de fonder son propre journal d'information.

Par contre, des médias tels que *La Presse* et *Le Soleil*, tout en protestant de leur indépendance, sont ouvertement, dans leur page éditoriale, partisans du Parti libéral et ils n'ont, eux, jamais manqué de revenus publicitaires. Nous avons déjà mentionné que *Le Devoir*, seul journal indépendant du Québec, aurait fait faillite lui aussi s'il n'avait pas été distribué gratuitement par le *Journal de Montréal*, dont le propriétaire, Pierre Péladeau, ne cachait pas ses opinions nationalistes.

Parlant de pressions économiques et du *Journal de Montréal*, un incident invraisemblable s'est produit au cours de l'hiver 1973-1974 : bizarrement, alors que le Québec est l'un des plus gros producteurs de papier journal, le *Journal de Montréal*, moyennement nationaliste, avait des difficultés d'approvisionnement ! Il a fallu l'intervention personnelle du premier ministre Robert Bourassa pour que les compagnies papetières reprennent leurs livraisons avant que l'affaire ne tourne au scandale.

Dans la même veine, le syndicat des journalistes de la chaîne de télévision TVA s'est plaint à plusieurs reprises que ses membres recevaient des consignes verbales pour éviter de parler en mal des gros annonceurs publicitaires comme les fabricants d'automobiles.

4.7.3. Intimidation de journalistes

Étant donné qu'il est toujours plus facile de s'attaquer aux individus qu'aux organisations, les journalistes sont souvent soumis à des pressions personnelles. Nous en avons déjà mentionné quelques exemples, au chapitre de la liberté de l'information et de la liberté professionnelle des journalistes. À l'époque de la « grande noirceur », quand, lors de ses conférences de presse à Québec, le premier ministre Maurice Duplessis voyait entrer le correspondant du *Devoir*, Pierre Laporte (plus tard devenu ministre), il s'écriait avec son sens de l'humour particulier : « Laporte... à la porte ! » et le journaliste sortait plutôt que de se faire expulser de force. Les assignations à comparaître et les saisies de matériel journalistique, dont nous venons de parler, sont parfois utilisées sans autre motif que d'intimider.

Plus près de nous, après les attentats du 11 mars 2004 à Madrid qui a fait plus de 200 morts, alors que les premiers éléments de l'enquête incriminaient l'organisation islamique Al-Qaïda, le chef du gouvernement espagnol, José Maria Aznar, pour mousser sa politique hostile à l'autonomie du Pays basque, a téléphoné personnellement aux rédacteurs en chef des principaux médias madrilènes pour qu'ils dénoncent comme responsable le mouvement terroriste basque ETA. Plutôt que d'obtempérer, les journalistes espagnols ont dénoncé la tentative d'intimidation du premier ministre et, furieux de s'être fait manipuler, les électeurs ont renversé le gouvernement Aznar aux élections générales du dimanche suivant.

ESPIONNAGE

Espionner les journalistes qui font de la recherche et obtiennent des informations confidentielles est une pratique courante, tant de la part des gouvernements que des grosses sociétés industrielles et commerciales qui veulent découvrir l'origine des fuites. Les exemples historiques ne manquent pas.

Lors du scandale du Watergate, dans les années 1970, aux États-Unis, on est allé jusqu'à entrer par effraction et fouiller le domicile et le bureau de Dan Rather, le présentateur vedette du réseau de télévision CBS.

À l'automne 1973, des policiers français déguisés en ouvriers ont été surpris une nuit en train d'installer un dispositif d'espionnage électronique perfectionné dans les nouveaux bureaux du *Canard enchaîné* en cours d'aménagement à Paris; essayant de se faire passer pour des poseurs de rideaux, puis démasqués, ils n'ont jamais été traduits en justice. Peu après à Montréal, les journalistes et recherchistes de l'Agence de presse libre du Québec avaient découvert dans le plafond et les murs de leur salle de réunion le même genre de système d'espionnage électronique, comprenant pas moins de cinq microphones gros comme la pointe d'un crayon.

Pendant toute la crise d'Octobre 1970, une équipe de caméramans travaillant pour les différents corps de police filmaient ostensiblement les reporters posant des questions aux autorités pendant les conférences de presse. Il ne s'agit pas là de pressions directes mais les journalistes visés se sentent mal à l'aise et certains seront enclins à se contenter des déclarations officielles plutôt qu'à poser des questions dérangeantes.

C'était un peu voyant et les méthodes se sont raffinées depuis. En Allemagne, la presse révélait que de l980 à la fin de 2005, les autorités avaient enrôlé certains journalistes pour surveiller ceux de leurs confrères qui enquêtaient sur des affaires de renseignements et de trafic d'armes. Aux États-Unis, en 2006, des journalistes se sont plaints d'avoir été espionnés par la compagnie Hewlett Packard qui avait engagé des détectives privés se faisant passer pour des employés du téléphone afin d'obtenir illégalement des relevés d'appels téléphoniques et de découvrir l'origine de ces appels. Enfin, en novembre 2007, les journalistes François Gendron, de Radio-Canada, et Marc Thibodeau, de *La Presse*, affirment avoir été filés et surveillés constamment lors de reportages, il est vrai, en Tunisie.

RÉPRESSION – EXACTIONS – EXÉCUTIONS

Plus graves sont les actes de brutalité commis dans le feu de l'action par les policiers: journalistes molestés, cassettes et films confisqués et détruits sur le champ sont monnaie courante partout dans le monde.

Chez nous, c'est durant la fameuse crise d'Octobre que les cas d'intimidation de journalistes sont devenus la règle. La Fédération professionnelle des journalistes du Québec a publié en 1971 un « Dossier Z » dans lequel on relève 14 arrestations de journalistes, sans explication ni jugement, certaines détentions ayant duré deux semaines, 17 perquisitions de domicile et de saisies de matériel journalistique, 8 cas de pressions et de menaces directes de la part de policiers ou de personnalités politiques (dont le ministre de la Justice de l'époque, Jérôme Choquette) auprès de plusieurs reporters et animateurs de radio et de télévision et, enfin, deux cas de journalistes interceptés et battus par des policiers. Fin des années 1970, l'auteur de ces lignes a été victime d'une campagne de coups de téléphone anonymes pour l'inciter à couper ses contacts avec une personne bien en place dans les hautes sphères du gouvernement fédéral, puis en 1980 du vol par effraction à son domicile de son dossier sur la crise d'Octobre.

Cela peut aller beaucoup plus loin: Jean-Pierre Charbonneau qui, avant d'être député à l'Assemblée nationale du Québec, était courriériste judiciaire pour *Le Devoir*, a échappé de peu à la fin des années 1960 à une tentative d'assassinat par balles. Tout récemment, le 13 septembre 2000, Michel Auger, qui enquêtait sur les Rockers, une bande de motards vivant du trafic de drogues, a reçu six balles de revolver tirées par un tueur dans le terrain de stationnement du *Journal de Montréal*. Michel Auger a miraculeusement survécu et n'en continue pas moins son travail de journaliste. Au Moyen-Orient, en Amérique du Sud, entre autres, les enlèvements et exécutions de journalistes sont monnaie courante. En Russie, au cours des vingt dernières années, près de 250 journalistes sont décédés de mort violente: accidents spectaculaires, suicides, assassinats par des tueurs qui n'ont jamais été arrêtés. Chaque année, la Fédération internationale des journalistes (FIJ) et Reporters sans frontières (RSF) publient la liste de leurs confrères et consœurs victimes d'exactions.

Il faut beaucoup de courage aux dirigeants des entreprises de presse et aux journalistes pour décider de résister à ces pressions et de continuer à faire leur travail. Dans bien des cas, les entreprises vont conseiller à leurs employés de faire preuve de modération; c'est de la censure préalable d'entreprise. Même sans directives de leurs patrons, certains journalistes vont s'autocensurer. La violation de la liberté professionnelle des médias et des journalistes est l'une des premières phases de l'installation du fascisme.

4.7.4. Concentration et mercantilisme de l'information

Les entreprises de presse sont forcées de faire des profits ; il faut bien payer les locaux, le personnel et le matériel. Sans quoi on reviendrait à la situation existant avant l'apparition des premières gazettes où le bouche à oreille était le seul moyen de colporter les informations ou encore à la situation existant dans les pays totalitaires où la presse est financée par les gouvernements et à leur service.

On a vu qu'au Québec, faute de moyens financiers et de revenus publicitaires, certains médias ont disparu au cours des décennies passées. D'autres, par contre, sont de véritables mines d'or ! Nous avons vu également que la concurrence n'est pas une garantie de la qualité de l'information. Pour les événements survenant hors de leur territoire, la plupart des médias se fournissent en dépêches aux mêmes agences de presse, Presse canadienne, United Press International, Associated Press, Reuters et France-Presse, dépêches qui sont reproduites telles quelles, si bien que, pour un événement de Vancouver, Paris ou Pékin, lire *Le Soleil* ou le *Journal de Montréal*, c'est quasiment pareil ! D'ailleurs, pour attirer le plus grand nombre, on élimine tout ce qui peut choquer, tout ce qui pourrait paraître « engagé », bref, on se garde bien de démystifier le système établi.

Ensuite, hormis les professionnels de l'information, personne ne lit plus d'un seul journal par jour et tous les gens sont « accros » à un seul poste de radio ou de télévision. Enfin, la majorité des médias appartiennent à des groupes de presse qui, dans la recherche constante du profit, les transforment en produits de grande consommation.

LES GROUPES DE PRESSE

Au Québec, fin 2006, deux grands groupes financiers se partageaient la quasi-totalité des moyens d'information.

Le groupe GESCA, affilié au holding Power Corporation, possédaient sept des dix quotidiens de langue française du Québec : *La Presse* de Montréal, *La Voix de l'Est* de Granby, *La Tribune* de Sherbrooke, *Le Nouvelliste* de Trois-Rivières, *Le Soleil* de Québec, *Le Quotidien* de Saguenay et, enfin, *Le Droit* d'Ottawa qui, bien qu'étant en Ontario, couvre tout l'Ouest du Québec.

Le groupe Quebecor possède deux quotidiens : le *Journal de Montréal* et le *Journal de Québec*, la chaîne de télévision TVA avec des stations affiliées à Gatineau, Rouyn-Noranda, Sherbrooke, Trois-Rivières, Québec, Saguenay, Rivière-du-Loup, Rimouski et Carleton, la chaîne d'information continue LCN, le portail d'information par Internet Canoë et le réseau de câblodistribution Vidéotron. En outre, Quebecor contrôle Sun Media, première chaîne de tabloïds régionaux, les Publications TVA, numéro un de la presse magazine, et le Groupe Livres Quebecor Média, le plus important groupe d'édition de langue française au Canada.

Seuls échappent au contrôle de ces deux groupes le quotidien *Le Devoir*, la chaîne de télévision TQS qui appartenait au réseau de câblodistribution Cogeco et, bien entendu, la Société Radio-Canada. À la radio, la concentration est moins marquée puisque seulement le tiers des 160 stations de radio du Québec est la propriété de cinq groupes : Télémédia, Métromédia, Appalaches, Corus et Astral.

AVANTAGES ET INCONVÉNIENTS

La concentration des entreprises de presse présente certains avantages : elle permet de maintenir en vie des organes d'information déficitaires et, grâce à des économies d'échelle, elle améliore leur efficacité. En 1960, nonobstant les dispositions de la Loi sur les coalitions alors en vigueur, le quotidien *Vancouver Sun* avait été autorisé à fusionner avec son concurrent *The Province* qui était en difficulté, les deux entreprises devenant copropriétaires d'une nouvelle société d'édition, Pacific Press et les bénéfices quasi inexistants dans le cas de *The Province* et appréciables dans le cas du *Sun*, étant mis en commun. Nous mentionnons cet exemple qui date car, pour être complet, le *Vancouver Sun* et *The Province* appartiennent tous deux maintenant à la chaîne CanWest Global Communications Corp. contrairement aux dispositions de la nouvelle Loi sur la concurrence de 1985 dont les articles 91 et suivants s'appliquent justement en cas de « fusionnement réalisé ou proposé (qui) empêche ou diminue sensiblement la concurrence ». Apparemment, les mouvements de propriété touchant l'information échappent à la vigilance des autorités fédérales canadiennes !

Au printemps 2007, le Conseil de la radiodiffusion et des télécommunications canadiennes, inquiet face à la concentration des entreprises de radio et de télévision, a approuvé sous réserve un projet de *Code d'indépendance journalistique* qui lui a été soumis par le Conseil canadien des normes de la radiotélévision, organisme patronal, et qui prévoirait qu'une entreprise ne pourrait contrôler que deux types de médias dans un même marché, soit une station de radio locale, une station de télévision locale ou un journal local. À l'heure où nous écrivons ces lignes, le CRTC reçoit les commentaires du public.

Le problème de la concentration des entreprises de presse au Canada est un peu comme le monstre du loch Ness: on en parle, on le craint, on l'étudie mais on ne l'appréhende jamais. Depuis 1970, il y a eu le rapport Davey, puis le rapport Kent en 1981, puis le rapport Lincoln en 2003 et le rapport Fraser en 2006. Aucun n'a été suivi d'effet bien que tout le monde soit d'accord sur les inconvénients du phénomène.

L'Assemblée nationale du Québec, réunie en commission en janvier 2001 a, elle aussi, étudié la concentration des médias et les dangers qu'elle présente. Devant cette commission, le Conseil de presse du Québec a fait siennes les conclusions de l'étude réalisée en 1995 par l'avocate et auteure Nicole Vallières pour la revue du Barreau du Québec:

- risque d'uniformisation et de standardisation du contenu des médias au détriment de l'expression d'un large éventail d'idées et de leur libre circulation;
- monopolisation du marché publicitaire mettant en péril la survie d'entreprises de presse indépendantes;
- subordination de l'information aux impératifs économiques de l'entreprise, d'où risque de censure et d'autocensure;
- perte d'autonomie des salles de rédaction et des rédacteurs en chef.

Ce ne sont pas seulement des risques hypothétiques: la situation n'a pas changé; elle a même empiré. Les journalistes des quotidiens du groupe GESCA dénoncent le fait que leurs éditorialistes peuvent échanger leurs papiers, entraînant l'uniformisation de la ligne de pensée de sept organes de presse couvrant quasiment tout le territoire du Québec. À TVA, le syndicat des journalistes s'est ouvertement prononcé devant le CRTC contre l'intention de la direction de décloisonner les salles de rédaction, c'est-à-dire qu'un reportage pourrait passer à la fois dans les bulletins de

TVA, à LCN (c'est déjà le cas), sur le portail Canoë et dans le *Journal de Montréal*, donc uniformisation du choix des événements et de la manière dont ils sont traités.

Autrement dit, les dangers que craignaient Me Nicole Vallières en 1995 et le Conseil de presse du Québec en 2001 sont en train de se réaliser. Mais, en conclusion des travaux de la Commission de l'Assemblée nationale consacrés à la concentration de la presse, le gouvernement provincial a décidé qu'il valait mieux s'en tenir au statu quo et faire confiance aux propriétaires et éditeurs ! Confiance mise à profit par les propriétaires qui, remplaçant le mot « concentration », à connotation péjorative, par « convergence », qui fait plus positif, continuent à revendiquer, au nom de la liberté de presse, le droit d'acquérir, de fusionner des médias et de leur imposer une mise en commun des personnels journalistiques et des contenus.

LA CLAUSE DE CONSCIENCE

Pour se protéger contre les directives politiques imposées à une salle de rédaction par suite d'un changement de propriété ou d'orientation politique de la direction, il existe dans certains pays une chose telle la « clause de conscience » qui oblige l'employeur à verser des indemnités de licenciement (habituellement, un mois de salaire par année d'ancienneté jusqu'à un maximum de *x* mois, selon la convention collective) au journaliste qui démissionne pour protester contre un changement d'orientation si ce changement porte atteinte à sa réputation ou à ses « intérêts moraux ». Si la clause de conscience existait au Canada, les journalistes de *The Gazette* auraient pu menacer de démissionner et la direction de CanWest Global Communications aurait été obligée de débourser une somme rondelette.

Il est amusant de rappeler que la clause de conscience a été instaurée dans l'empire d'Autriche-Hongrie, par une loi autrichienne en 1910 suivie par une loi hongroise en 1914. Elle fit ensuite son apparition en Allemagne en 1926 puis en Italie en 1928, puis en France mais en 1935 seulement. Au Québec, on attend toujours malgré les revendications répétées de la Fédération professionnelle des journalistes et du Conseil de presse.

4.7.5. Vanité des violations

Le public québécois risque-t-il de se voir enfermé dans un univers clos où règnera une pensée unidimensionnelle ?

Ceux qui instaurent, maintiennent ou laissent se perpétuer un régime d'information contrôlée, non objective, difficilement accessible, pervertie, violent un droit fondamental. Or l'histoire prouve que chaque fois que dans le monde, on a porté atteinte à un droit fondamental, cela s'est presque toujours traduit par un échec. Les villages factices de Catherine de Russie ont ruiné plusieurs provinces. L'Allemagne nazie, qui avait établi un régime de propagande environnementale totale, s'est écroulée dans l'ignominie. Aux États-Unis, le président Nixon, qui en 1973 avait fait espionner illégalement ses opposants politiques dans l'édifice du Watergate pour ensuite mentir à l'opinion publique, a été obligé de démissionner. L'Union soviétique n'a pu empêcher l'information de passer par-dessus le rideau de fer qui, du coup, s'est effondré. Même en Chine, les médias pourtant communistes critiquent maintenant, modérément, les autorités en place et le gouvernement de Pékin a bien du mal à contrôler Internet. La compagnie Enron, qui mentait à ses banquiers, à ses actionnaires, à ses clients, à ses fournisseurs, à ses employés et au public, a fait faillite et ses patrons sont en prison. Les pressions personnelles du premier ministre d'Espagne sur les médias en 2004 ont provoqué sa non-réélection. Les Iraniens, malgré l'interdiction, réussissent à installer des soucoupes clandestines pour capter la télévision satellitaire venant d'ailleurs. Enfin, chez nous, le régime des commandites qui visait à structurer les cerveaux québécois s'est achevé devant les tribunaux.

Les violations du droit à l'information et de la liberté de l'information, en faussant le processus normal de la connaissance, de la participation et de l'évolution, ne peuvent conduire à plus ou moins long terme qu'à des catastrophes. Pour les éviter, en dépit de la réticence viscérale des journalistes à se voir imposer quoi que soit, il faudrait évidemment un cadre institutionnel organisé et doté de pouvoirs réels.

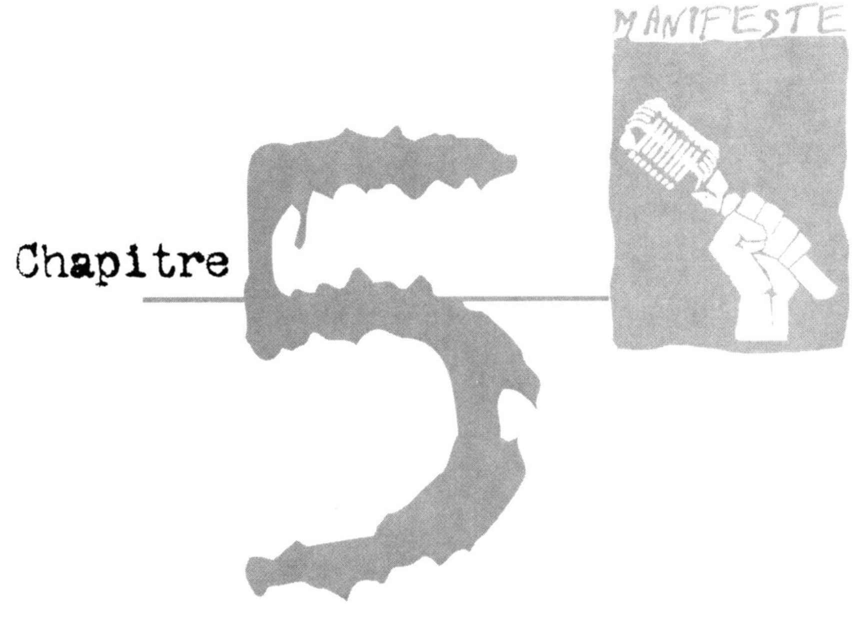

LE CADRE INSTITUTIONNEL

À la fin du XVIIIe siècle, alors que l'on venait d'autoriser les journalistes anglais à suivre les débats de la Chambre des communes, le député Edmund Burke leur dit: « Messieurs, vous êtes le quatrième pouvoir », aux côtés des pouvoirs exécutif, législatif et judiciaire. Deux siècles plus tard, le président américain Nixon, soupçonné d'avoir voulu tromper l'opinion publique à l'occasion du scandale de Watergate, accusait les journalistes d'être « une petite élite non élue » qui osaient contester son « *Executive Privilege* » l'autorisant à cacher des faits. En France, le journaliste François-Henri de Virieu (1992) publiait un ouvrage affirmant que le pouvoir était passé des parlements et des gouvernements aux mains des médias. Cela dit, sans contester le fait que les gouvernants tiennent de plus en plus compte de l'opinion publique, on est encore loin d'une authentique démocratie informationnelle.

5.1 Nécessité d'un code de l'information

L'analyse des législations canadienne et québécoise concernant directement ou indirectement l'information montre qu'elles ne garantissent aucunement le respect et l'exercice ni du droit à l'information, ni de la liberté de l'information, ni de la liberté professionnelle des journalistes comme on pourrait s'y attendre d'un pays véritablement démocratique. En cette aube du XXIe siècle, alors que non seulement nos petites sociétés nationales mais l'ensemble de l'humanité sont confrontés à des problèmes de survie, il devient nécessaire de repenser le phénomène information dans sa définition, dans sa fonction et dans sa finalité. Autrement dit, repartir à neuf psychologiquement et intellectuellement afin d'envisager puis de bâtir un cadre institutionnel assurant un métabolisme informationnel désentravé, condition première d'une évolution sociale, politique et structurelle harmonieuse.

NOTRE COURTEPOINTE INFORMATIONNELLE

Le cadre institutionnel actuel de l'information a été mis sur pied pièce par pièce au fil des générations et des régimes politiques, beaucoup plus pour se protéger contre l'information que pour protéger l'information. Les rares progrès réalisés l'ont été sous la poussée des événements et des revendications de certains groupes de pression et dans des domaines bien précis. Si ces progrès sont réels et bienvenus, ils ont pour résultat un ensemble hétéroclite de lois et de règlements disséminés dans la législation soit provinciale soit fédérale et ayant souvent un caractère répressif, de pratiques acceptées mais non légalisées, et de grands vides juridiques que tentent de combler les tribunaux.

LA JURISPRUDENCE

Bien que n'étant pas reconnu par la Constitution canadienne, bien que sa reconnaissance dans la Charte québécoise des droits et libertés ait une portée limitée, bien qu'il soit reconnu en tant que tel dans certaines lois tant fédérales que provinciales spécialisées (*cf.* plus haut la conclusion du premier chapitre), certaines décisions judiciaires reconnaissent la plupart du temps implicitement le droit à l'information en général.

En effet, pour combler les lacunes ou les retards du droit DE l'information, « appelés à déterminer les frontières de la liberté d'expression et celles d'autres droits comme le droit à l'honneur, à la réputation ou à la vie privée, les tribunaux font appel à ce qui leur paraît aller dans le sens des intérêts du public ». (Extrait du Cours sur le droit de l'information donné par Pierre Trudel, professeur titulaire au Centre de recherche en droit public de la Faculté de droit de l'Université de Montréal et qui a bien voulu nous communiquer les décisions faisant jurisprudence.)

Dès 1938, dans l'affaire Alberta Press, le juge Cannon de la Cour suprême a jugé que « la liberté de discussion est essentielle, dans un État démocratique, pour éclairer l'opinion publique ; on ne peut la restreindre (*curtailed*) sans toucher au droit du peuple d'être informé, en ce qui concerne des matières d'intérêt public, grâce à des sources indépendantes du gouvernement. Les nouvelles, ainsi que les opinions politiques des partis politiques qui luttent pour le pouvoir, doivent être publiées sans entraves» (Trudel *et al.*, 1981, p. 202).

> Dans Saumur c. City of Quebec (1953), «Une municipalité ne peut sans enfreindre la liberté d'expression, soumettre à l'approbation du chef de police, donc à l'avance, la distribution de tout écrit dans les rues de la ville [...] L'autorité de l'arrêt Saumur est [...] relative, compte tenu du fait que... seulement trois des cinq juges de la majorité ont décidé que la réglementation de la cité de Québec rendait possible une atteinte à la liberté d'expression et permettait une intrusion répréhensible dans "le souffle de vie des institutions politiques de ce pays". » (Trudel, 1981, p. 208, notre traduction.)

Arrêt Switzman c. Elbling (1957): la Cour suprême a invalidé une loi du Québec, passée à l'histoire sous le nom de *Loi du cadenas*, interdisant la propagation du communisme et du bolchevisme, la déclarant totalement inconstitutionnelle. Dans son avis, le juge Abbott écrit (notre traduction): «Le droit à la liberté d'expression, d'opinion et de critique sur les matières de politique publique et d'administration publique, et le droit de discuter de telles matières, qu'elles soient sociales, économiques ou politiques, sont essentiels au fonctionnement d'une démocratie parlementaire comme la nôtre.» Le juge Rand va un peu plus loin et écrit (notre traduction): «L'opinion publique [...] exige la condition d'un accès virtuellement libre de tout obstacle [*unobstructed*] aux idées et à leur diffusion» (archives judiciaires sur Internet).

Dans l'affaire Hébert c. le Procureur général du Québec (1966), le juge Casey fait remarquer «on doit garder à l'esprit qu'une critique raisonnable exprimée loyalement est essentielle à notre mode de vie et est un principe qui doit être protégé à tout prix [...] Le droit de critiquer, maintenant bien établi, devient un facteur décisif. Si ce qui est dit ou écrit ne dépasse une critique juste, alors on a rendu service au public...» (Rapport judiciaire communiqué à l'auteur par Pierre Trudel, notre traduction).

Dans Ené c. *Le Soleil* (1976), une affaire de diffamation, le juge Jacques Dufour, de la Cour supérieure du Québec, décide que «Emmanuel Ené devenait un homme que le public avait le droit de connaître; le public avait le droit de savoir s'[il] était un homme d'une honnêteté au-dessus de tout soupçon [...] il était du devoir en quelque sorte du journal *Le Soleil* et de la journaliste [...] de faire connaître les dessous de cet appel à la charité publique... » (Jugements inédits, *Cahiers de droit*, 1978, communiqué par Pierre Trudel).

Tous ces jugements, s'ils reconnaissent de façon implicite le droit ou l'intérêt d'être informé (et non pas le droit à l'information en tant que tel), le droit à une critique qui ne peut être éclairée que si les citoyens ont accès aux idées et aux opinions diverses (ce qui recouvre le droit à la liberté d'expression et non pas le droit à l'information), s'appuient plus sur la tradition que sur des textes de loi et, quels que soient leurs mérites, qui sont réels, ils ne font pas la loi. D'ailleurs leur caractère aléatoire est prouvé par le fait qu'ils n'ont pas toujours fait l'unanimité des juges, que certains de ces juges étaient dissidents au point d'être opposés et que d'autres ont invoqué des questions de pure procédure et d'incompatibilité entre les compétences législatives et juridiques fédérales et provinciales et non pas des questions de principes reconnus et encastrés dans la loi. Ces jugements ont fait et feront peut-être encore jurisprudence, le tout dépendant des époques et des lieux, de la personnalité des juges, de l'habileté des avocats, de la nature de la cause et de la puissance des parties.

L'INTERVENTION DE L'ÉTAT

Notre courtepointe juridique ne peut en aucun cas remplacer un cadre institutionnel véritablement adapté aux besoins actuels. Nous avons vu dans les chapitres précédents que l'État n'a pas hésité à intervenir et à légiférer quand l'information n'a pas un caractère politique et qu'il s'agit de protéger des droits fondamentaux tels que le droit à la santé, à la sécurité, à l'intimité, à la justice, etc. Mais qu'il s'est refusé à intervenir quand l'information a un caractère politique, laissant les tribunaux faire la loi. Pour mettre fin à cette situation aléatoire, il faut moderniser le droit existant, consolider ses diverses composantes, remplacer les ententes et les décisions circonstancielles par des lois et combler les vides juridiques de façon à obtenir un véritable code de l'information. Bref, faire coïncider le droit DE l'information avec le droit À l'information.

Certains diront qu'il vaut mieux un éventail de décisions jurisprudentielles qui peut sembler approximatif, aléatoire et obsolète mais qu'on interprétera au goût du jour ou que l'on suivra par respect de la tradition plutôt qu'un cadre législatif idéal, certes, mais dont l'application est tout aussi aléatoire. C'est toute la différence entre les pays de droit anglo-saxon et les pays de droit latin. La Grande-Bretagne fonctionne selon la tradition, ce qui ne l'a pas empêché d'avoir donné naissance à la démocratie parlementaire. Les États-Unis ont une constitution qui date de la fin du XVIIIe siècle dont l'interprétation évolue au fur et à mesure des besoins. Dans les pays de droit latin, moins pragmatiques mais plus cartésiens, on édifie des cadres constitutionnels logiques que l'on ne respecte pas toujours et que l'on change quand ils ne font plus l'affaire. Dilemme : outre le partage des compétences entre le fédéral et le provincial, nous sommes régis au Québec par un droit criminel anglo-saxon et un droit civil d'inspiration française.

Depuis les années 1980, la Fédération professionnelle des journalistes du Québec, le Conseil de presse du Québec, le Barreau du Québec, la Ligue des droits et libertés, les centrales syndicales réclament une solution législative globale mais sans succès jusqu'à maintenant. Ce code de l'information devrait englober et régir les principes, les moyens d'information, les agents de l'information et les organes régulateurs de façon à réduire les limitations à l'information au minimum requis pour protéger les individus, la société et l'État, prévenir et punir les atteintes à la libre circulation de l'information et assurer le respect et l'exercice du droit à l'information de tous et chacun dans tous les domaines. Dans ce voyage en Utopie, nous ferons un rappel commenté de la situation existante ici et ailleurs et nous présenterons un modèle de ce qui, d'après nous, devrait exister comme cadre institutionnel de l'information.

5.2 Proclamation des principes (rappel)

Au Canada, la constitution de 1982 reconnaît uniquement la liberté de presse qui, nous l'avons vu, n'est que la liberté de publier ou non, ce que l'on veut, où l'on veut, quand on veut et de la manière que l'on veut ; nous avons ajouté : pourvu que cela rapporte économiquement ou politiquement. La constitution canadienne, pour être vraiment une garantie de démocratie, devrait ne pas laisser aux juges la tâche d'estimer ce que devrait être le droit d'être informé et le droit à une critique éclairée mais, dans sa charte des droits, proclamer le droit à l'information et la liberté de l'information et donner leur définition.

Au Québec, nous avons vu que la Charte des droits et libertés de la personne, adoptée en 1975, reconnaît dans son article 44 que « Toute personne a droit à l'information dans la mesure prévue par la loi ». Toutefois, le ministre libéral de la Justice de l'époque, Jérôme Choquette, et son successeur péquiste, Marc-André Bédard, se trompaient lorsqu'ils affirmaient dans un document conjoint que « cette charte aura préséance sur toutes les autres lois de juridiction québécoise ». D'abord, parce que l'article 44 se trouve dans le chapitre des droits économiques et sociaux qui demeurent des objectifs de gouvernement et n'ont pas de valeur juridique tant que l'État n'a pas mis en place les structures et les moyens pour les satisfaire; exemple, les droits à la santé et à l'éducation dont la satisfaction demeure conditionnelle aux moyens financiers mis à la disposition des hôpitaux et des universités. Ensuite, parce que l'article 44 ne donne pas de définition du concept de droit à l'information, ce qui lui ôte son caractère d'appartenance intrinsèque à l'individu du fait qu'il est homme, et à cause de l'imprécision qui entoure le concept, ce qui écarte tout argument juridique pour le faire appliquer. Dans les faits d'ailleurs, rares sont les personnes qui s'en sont prévalues avec succès devant les tribunaux.

Tout comme pour la constitution canadienne, la Charte des droits et libertés de la personne devrait donc proclamer le droit à l'information et son corollaire, la liberté de l'information, dans le chapitre des libertés et des droits naturels fondamentaux et les définir en ces termes :

> ***Le droit à l'information est le droit naturel et fondamental de l'individu et de la collectivité de savoir et de faire savoir ce qui se passe et que l'on a intérêt à connaître.***
>
> ***La liberté de l'information est la liberté naturelle et fondamentale de l'individu et de la collectivité de chercher à savoir, de savoir et de faire savoir ce qui se passe et que l'on a intérêt à connaître.***

Ces deux définitions auraient l'avantage de couvrir le respect des autres droits naturels fondamentaux de l'individu et de la collectivité dont l'exercice impose des limites au droit à l'information, à la liberté de l'information et à la liberté de pratique des professionnels de l'information, médias et journalistes.

L'inclusion de ces deux principes ainsi définis dans la constitution canadienne et dans la charte québécoise ne devrait pas être impossible si l'on songe que d'autres pays nous ont précédés. Aux États-Unis, où l'interprétation selon les besoins du jour d'une constitution vieille de plus de deux siècles semble être le sport préféré des juristes, ces derniers interprètent effectivement le Premier amendement dont le texte ne mentionne que la liberté d'expression, de religion et de la presse, comme étant la garantie du « *Right to Know* ». La Suède reconnaît dans les deux premiers articles de sa constitution de 1975 que « Tout citoyen jouit des libertés et droits fondamentaux suivants : la liberté d'expression [et] la liberté d'information », ces deux principes étant dûment définis dans des termes leur donnant pleine portée juridique. Les constitutions de l'Allemagne et de l'ancienne Yougoslavie reconnaissent un droit à l'information s'approchant de notre modèle.

Il découle de la reconnaissance constitutionnelle de ces deux principes ainsi définis que tous les organes d'information assurent un « service public » qui devrait être reconnu. Nous avons chez nous un précédent de taille : la Loi sur la radiodiffusion qui reconnaît que la radio et la télévision constituent un service public. Les médias servent l'État en publicisant ses travaux, ses décisions, ses directives. En contrepartie, en portant à sa connaissance les réactions et doléances des administrés et des corps sociaux, les médias aident l'État à orienter son action. Ce service public est indispensable au bon fonctionnement des démocraties; presque tous les gouvernements ont mis sur pied des services d'information officielle qui publient tout, depuis les comptes rendus parlementaires, les textes de lois, les règlements, les statistiques jusqu'aux conseils les plus triviaux comme la protection des rives et la construction d'un champ d'épuration des eaux usées. Mais aucun de ces services gouvernementaux n'est en mesure d'assurer une communication générale et efficace de cette information auprès du grand public, encore moins de recueillir et d'assurer la rétro-information comme le font les médias.

5.3 Accessibilité à la source

Dans ce domaine, nous sommes en période de transition. Les gouvernements tant fédéral que provincial se sont dotés dès le début des années 1980 de lois d'accès à l'information administrative et gouvernementale dont nous avons déjà parlé et qui, vaille que vaille, donnent aux journalistes et aux particuliers, à condition qu'ils en aient le temps et les moyens et que leurs demandes soient acceptées, la possibilité d'obtenir des documents officiels qui auparavant demeuraient confidentiels. C'est une grosse amélioration.

CONSOLIDATION ET RÉVISION DU SYSTÈME ACTUEL

Les limitations inhérentes au système de droits et libertés concernant la sécurité psychologique et morale des individus ne sont généralement pas critiquées. Les courriéristes judiciaires protestent parfois contre la décision d'imposer le huis clos ou l'interdit de publication lors de certains procès mais, là encore, vaille que vaille, le système fonctionne assez bien (la diffusion des procès par la télévision, bien que la chose se pratique aux États-Unis, fait encore au Canada l'objet d'un débat qui ne suscite pas les passions et ce ne semble pas être une priorité). Sauf que ces limitations se trouvent éparses en plusieurs endroits du Code criminel et des lois connexes et devraient être consolidées et regroupées de façon à en faire un ensemble plus cohérent. Pour être encore plus cohérent, cet ensemble de clauses restrictives devrait en outre être inclus dans un code de l'information global.

En revanche, en ce qui a trait aux limitations concernant la sécurité matérielle des individus et de la collectivité et, plus particulièrement, la sécurité de l'État, les critiques sont nombreuses et les revendications peinent à aboutir à des résultats satisfaisants. Bien des commentateurs ont signalé, sans succès jusqu'à maintenant, que certaines dispositions de la Loi sur la protection de l'information de 2001 sont excessives.

Une démonstration de ces excès a été faite en 2006 lors de la conclusion de l'affaire O'Neill. Journaliste au *Ottawa Citizen*, Juliet O'Neill avait publié en novembre 2003 un rapport confidentiel de la Gendarmerie royale du Canada concernant un prétendu activiste islamique. La GRC avait perquisitionné le domicile de la journaliste et saisi ses notes dans l'espoir de découvrir l'origine de la fuite. Le 19 octobre 2006, la juge Ratushny, de la Cour supérieure de l'Ontario, a invalidé les mandats de perquisition de la Gendarmerie, ordonné la restitution des biens de Mme O'Neill et statué que certaines sections de l'article 4 de la Loi sur la protection de l'information de 2001 sont inconstitutionnelles.

Rappelons que, d'après cet article, le simple fait d'avoir en sa possession un document jugé nuisible aux intérêts de l'État peut valoir une peine allant jusqu'à cinq ans de prison. Question impertinente : comment se fait-il que depuis octobre 2006 le gouvernement fédéral n'ait pas revu sa loi et, question encore plus impertinente, comment se fait-il que le Parlement du Canada ait approuvé en 2001 une loi jugée en partie inconstitutionnelle ?

L'affaire Juliet O'Neill illustre parfaitement le problème de la protection des sources journalistiques. Tout le monde s'entend là-dessus : l'intérêt public exige que la population connaisse l'usage que les dirigeants des sphères politiques et économiques font du bien public, soit les fonds publics, les ressources naturelles et l'environnement physique. L'histoire ancienne et récente nous enseigne que la gestion du bien public ne se fait pas toujours dans l'intérêt général mais, à l'occasion, dans l'intérêt de certains...

intérêts particuliers, individus, groupes, partis politiques, entreprises qui, agissant dans la plus grande discrétion, contreviennent aux lois existantes. Les citoyens et contribuables ne peuvent le savoir et faire pression pour que ces agissements cessent que si quelqu'un, quelque part, s'en aperçoit et dénonce la chose. Habituellement, ce sont les journalistes qui sont avertis par un fonctionnaire dénonciateur et qui se chargent d'alerter l'opinion publique. Les dénonciateurs sont rares car il leur faut un certain courage pour braver la consigne du silence établie par leurs supérieurs et risquer des représailles éventuelles. Justement…

PROTECTION DES DIVULGATEURS

Pour éviter d'autres scandales comme celui des commandites et pour « maintenir et accroître la confiance du public dans l'intégrité des fonctionnaires » et afin « d'atteindre l'équilibre entre la loyauté (des fonctionnaires) envers leur employeur et la liberté d'expression garantie par la Charte canadienne des droits et libertés », le gouvernement fédéral canadien a fait adopter en novembre 2005 la Loi sur la protection des fonctionnaires divulgateurs d'actes répréhensibles. Ce texte, qui veut mettre les fonctionnaires divulgateurs à l'abri des représailles, prévoit que l'administrateur chargé de recueillir les divulgations d'actes répréhensibles protège l'identité des divulgateurs et des témoins, que les divulgateurs peuvent s'adresser directement au Commissaire à l'intégrité ou au Vérificateur général du Canada s'ils estiment indispensable de passer par-dessus leur supérieur hiérarchique ou l'administrateur de la loi. Mais là où cette loi constitue un véritable progrès, c'est que :

> 16. (1) La divulgation qu'un fonctionnaire peut faire… peut être faite publiquement [souligné par nous] s'il n'a pas suffisamment de temps pour la faire (devant l'administrateur, le Commissaire ou le Vérificateur) et qu'il a des motifs raisonnables de croire que l'acte ou l'omission qui est visé par la divulgation constitue selon le cas :
>
> a. une infraction grave à une loi fédérale ou provinciale ;
>
> b. un risque imminent, grave et précis pour la vie, la santé ou la sécurité humaine ou pour l'environnement. […]

… le tout sous réserve, évidemment, des dispositions de la Loi sur la protection des renseignements personnels et les documents électroniques et de la Loi sur la protection de l'information.

Une telle loi n'existe pas encore au Québec. La Fédération professionnelle des journalistes du Québec a dénoncé en décembre 2006 le fait qu'un fonctionnaire de la Société immobilière du Québec (SIQ) a été congédié pour avoir parlé à un journaliste des dangers de l'amiante dans certains édifices gouvernementaux. Pour la énième fois, la FPJQ réclamait le droit pour les employés de l'État de parler à la presse.

5.4 Liberté du processus informationnel

L'ÉTAT

Les lois d'accès à l'information ou de protection des divulgateurs ne seraient peut-être pas nécessaires s'il existait un véritable régime de publicité des actes de l'exécutif et de l'administration gouvernementale, régime assuré par une loi portant garantie constitutionnelle, c'est-à-dire adoptée par vote libre à majorité, disons, des deux tiers. On pourrait s'inspirer de ce qui existe dans certains pays où l'appréciation du besoin de confidentialité et de la nécessité de publicité, donc de l'opportunité de publication ou de non-publication, n'est pas laissée au bon vouloir de l'exécutif ni du personnel administratif mais confiée à une commission mixte indépendante, comme cela existe en Grande-Bretagne avec le système du *DA Notice*. Le Defence Press and Broadcasting Committee est présidé par un représentant du ministère de la Défense britannique et composé de fonctionnaires de divers ministères et de représentants de la presse, de la radio et de la télévision ; il émet des avis – et non des ordres – conseillant aux médias de ne pas parler de tel ou tel autre sujet considéré comme risquant de nuire aux intérêts du pays.

LES ORGANISATIONS

Peut-on étendre ce système à l'entreprise privée ? Dans le domaine de la consommation, c'est fait. Nous avons vu que diverses lois protègent le citoyen consommateur contre l'absence d'information ou la fausse information dans la vente de produits et services.

Mais en ce qui concerne le fonctionnement interne des entreprises, la situation n'a pas changé depuis le XIXe siècle car elles sont encore considérées comme une extension du domaine privé. Tout au plus, les entreprises cotées en Bourse sont-elles tenues de déclarer leurs opérations aux organismes de régulation des marchés de valeurs mobilières et de produire des rapports annuels. Cela étant fait et dit (rappel), si c'est le public qui achète les produits de l'industrie, qui fournit la main-d'œuvre, qui par ses impôts contribue aux aides gouvernementales dont elle bénéficie sous forme de subsides, de subventions ou d'avantages fiscaux et qui pâtit des altérations faites à l'environnement, le public a le droit de savoir ce qui s'y passe. Sous réserve, bien sûr, des informations confidentielles concernant les procédés de fabrication et les opérations commerciales qui pourraient profiter à la concurrence.

On l'a dit, l'interdépendance entre l'activité des grandes organisations industrielles et commerciales, la population et les autorités gouvernementales est telle que cette activité relève de plus en plus de l'intérêt public. Une fois ce constat fait, on est forcé d'admettre que la transparence des opérations industrielles et commerciales, indépendamment du fait qu'elle est de plus en plus considérée à l'interne comme un avantage dans la gestion des ressources humaines, est devenue une nécessité à l'externe puisque, depuis les affaires Enron et Andersen, l'image publique des organisations est devenue l'un de leurs actifs les plus précieux. Une loi portant garantie constitutionnelle devrait établir le principe de la publicité des opérations industrielles, commerciales, financières et fiscales et protéger les divulgateurs d'actes répréhensibles. Une commission mixte indépendante pourrait déterminer la nature des entreprises soumises à l'obligation de transparence et le degré de confidentialité dont elles peuvent malgré tout s'entourer pour préserver leurs intérêts économiques légitimes.

LES INDIVIDUS

Toutes les constitutions garantissent comme étant naturels et fondamentaux les droits de la personne à la dignité, à la vie privée et à l'intimité. Mais elles devraient aussi garantir la primauté du droit à l'information sur ces droits dans les secteurs de la vie privée, y compris la dignité de la personne, ayant une influence sur la vie de la collectivité. Déjà, partout dans le monde, la loi exige la publicité des principales étapes de la vie privée – naissance, mariage, divorce et décès – en raison de leurs répercussions sociales. Dans certains pays, la loi exige la publicité de la contribution personnelle des individus à la collectivité, c'est-à-dire les impôts, par conséquent, leurs revenus.

Une simple extension de ce principe devrait permettre l'accès aux faits de la vie privée pouvant influencer le cours de la vie collective, notamment dans le cas de personnalités politiques. Savoir que telle personne a déjà subi des traitements psychiatriques n'est pas d'intérêt public sauf si elle sollicite un poste lui donnant des pouvoirs étendus, par exemple, le poste de chef de parti, donc de potentiel chef de gouvernement devant avoir, s'il est élu, le pouvoir de prendre des décisions importantes, même si c'est sous le couvert du «gouverneur en conseil». Une commission judiciaire mixte pourrait évaluer les cas litigieux d'ordonnances de huis clos ou de non-publication des procès impliquant des mineurs ou des affaires de mœurs, mais également les aspects de la vie privée des personnalités de pouvoir susceptibles d'avoir des répercussions sur la vie publique.

LA JUSTICE

Cette commission judiciaire mixte ne chômerait pas, car il n'y a pas que les menaces de représailles contre les divulgateurs et les saisies de matériel journalistique qui risquent de tarir les sources d'information. Il y a aussi les assignations à comparaître devant les tribunaux faites aux journalistes qui, nous l'avons dit, peuvent être assimilées à des pressions.

Pratique fréquemment et solennellement dénoncée par la FPJQ, par le Conseil de presse du Québec et par les médias car, outre d'être considérée comme du harcèlement, elle transforme les journalistes en auxiliaires de la police et de la justice, à leur corps défendant, et a pour effet de décourager les divulgateurs potentiels d'actes ou de situations contraires à l'intérêt public.

Dès le début des années 1980, une entente tacite était intervenue entre le Barreau du Québec et la partie journalistique, entente selon laquelle les avocats s'abstiendraient d'assigner les journalistes à comparaître s'il existait d'autres moyens d'obtenir des preuves. Puis en 1990, la Fédération professionnelle des journalistes du Québec, la Fédération nationale des communications (FNC – syndicat de journalistes affilié à la Centrale des syndicats nationaux), le Conseil de presse du Québec et le Barreau du Québec signaient un *Protocole d'entente sur la protection des sources journalistiques.* Cet accord, faisant suite aux travaux du colloque international sur cette question, organisé à Montréal en 1988 par la FNC, demande au gouvernement provincial de faire adopter une loi…

- limitant les témoignages de journalistes et la production de matériel journalistique non publié ou diffusé «aux seuls cas où ils ont une influence déterminante pour la solution d'un litige et où il aura été démontré que la preuve des faits ne peut être obtenue par aucun autre moyen»;

- autorisant les journalistes à taire « l'identité de la source, même si sa divulgation revêt une importance déterminante pour la solution du litige, à moins que le tribunal estime que l'intérêt public exige que l'identité de la source soit révélée », le juge devant alors faire l'arbitrage entre les principes de droit à la justice, de liberté de l'information et de la sécurité de la source;
- acceptant comme preuve « le simple dépôt du journal ou de la bande vidéo ou audio, afin d'éviter les nombreux témoignages des journalistes ».

Cette initiative est intéressante en ce sens que le Barreau du Québec admet sinon la primauté du droit à l'information, du moins son égalité avec le droit à la justice. Un protocole semblable existe, de façon tacite en Belgique, en Suisse et en Allemagne. En Suède, la révélation du nom d'un informateur de presse est un délit criminel et, en Finlande, le code de procédure accorde depuis 1966 aux journalistes le droit de ne pas révéler leurs sources sauf en cas de graves causes criminelles. Malheureusement, au moment d'écrire ces lignes, les gouvernements du Canada et du Québec n'ont encore présenté aucun projet de loi en ce sens. Quant à la reconnaissance légale du secret professionnel pour les journalistes, à l'instar de ce qui existe pour les médecins, les avocats et parfois les prêtres, on est bien obligé de reconnaître que, sauf la Suède et la Finlande, aucun pays n'a osé aller aussi loin.

LA « MALINFORMATION »

Si l'on admet dans les lois fondamentales que le droit à l'information et la liberté de l'information constituent la condition première de toute vie démocratique, toute entrave à la libre circulation des faits et des idées et à la liberté de pratique des journalistes devient illégale et prend un caractère délictueux. D'où la naissance de la notion de *délit de « malinformation »* qui couvrirait les délits commis contre les médias et les délits commis par eux : *obstruction à l'information, abus de la confiance publique, abus de l'information*, de la même façon que nos lois et règlements prévoient des délits d'obstruction à la justice, de mise en danger de la santé publique, de pollution de l'environnement, de faute professionnelle, etc.

Si l'on peut poursuivre en justice un individu qui tente d'influencer des témoins, qui conduit son véhicule de manière dangereuse, qui déverse un produit toxique dans la rivière ou qui empêche le voisinage de dormir, pourquoi ne peut-on le faire pour celui qui altérerait le processus informationnel depuis l'invention des faits jusqu'à la censure en passant par les pressions et les intimidations ?

L'article 181 du Code criminel punit quiconque publie une fausse nouvelle mais il ne couvre que les fausses nouvelles et c'est un article qui, tombé en désuétude, n'est plus invoqué devant les tribunaux. La mal-information pourrait couvrir les manquements à l'éthique professionnelle des médias et des journalistes tout comme les fautes professionnelles dans le domaine de la santé pour les médecins et les pharmaciens, dans celui de la sécurité de la personne pour les policiers, de la justice pour les juges et les avocats, et du génie civil pour les ingénieurs. La Fédération professionnelle des journalistes du Québec et le Conseil de presse ont des codes déontologiques mais, malheureusement, ce sont des organismes à adhésion volontaire, certains médias n'en sont pas membres et, malheureusement encore, les codes déontologiques ne sont pas toujours respectés.

5.5 Le statut des entreprises de presse et des journalistes

Dans le système actuel, à part la Société Radio-Canada et Télé-Québec, les organes d'information sont des entreprises qui, au même titre que les autres, sont soumises aux lois du marché et doivent être rentables. Ce qui explique les lacunes, défauts et faiblesses préjudiciables au libre et plein exercice du droit de l'individu et de la collectivité à l'information et à la libre circulation de l'information mentionnés plus haut : vulnérabilité des organes d'information et des journalistes face aux annonceurs, achats et fusions de médias et constitution de groupes de presse majoritaires dans leur milieu et orientés politiquement, limitation de la liberté professionnelle des journalistes découlant de la constitution de ces groupes de presse, disparition de certains organes d'information, etc., privant des pans entiers de la population de moyens d'information et d'expression auxquels ils ont droit.

LA LUCRATIVITÉ LIMITÉE DES MÉDIAS

Pour remédier à cette situation, il suffirait de s'inspirer de ce qui se fait ailleurs. Depuis leur apparition, l'État fédéral canadien a reconnu la radio et la télévision comme étant un service public. Mais ce qui est valable pour ces deux moyens d'information ne l'est pas pour la presse écrite. Plusieurs pays ont reconnu que les organes d'information, y compris les journaux d'information générale et politique, par l'aide qu'ils apportent à la population et à l'État, constituent eux aussi un service public. Pour le maintenir et pour assurer sa viabilité économique, certains États ont inventé le concept de « lucrativité limitée » des médias au même titre que pour les fondations, les organismes de charité, les universités. Au Canada, le principe de lucrativité limitée est admis pour la Société Radio-Canada et pour Télé-Québec puisque ces deux organismes reçoivent des subsides de l'État.

En plus des aides indirectes telles que les exemptions fiscales et les tarifs postaux préférentiels en vigueur presque partout, le Luxembourg, la Belgique, la Suède, l'Autriche, entre autres, accordent aux médias des aides financières directes sélectives et proportionnelles soit au tirage, soit au rayonnement, soit en fonction de leur représentation des diverses opinions et orientations politiques. En France, l'État aide *L'Humanité,* quotidien communiste. Au moment d'écrire ces lignes, la Suisse envisage un régime d'aide directe semblable. Au Danemark et aux Pays-Bas, l'aide financière directe de l'État est liée à la réalisation de projets spéciaux (modernisation de l'équipement, éditions régionales, etc.).

Les médias admissibles à l'aide de l'État devraient présenter un caractère informatif prépondérant plutôt qu'un caractère publicitaire prépondérant ou de divertissement prépondérant et être désignés par un organisme mixte indépendant. De même, pour éviter que l'aide financière dépende des aléas de la vie politique, elle devrait être évaluée et décidée par un organisme indépendant du pouvoir exécutif et même du pouvoir législatif. Car dans les pays comme le Canada vivant avec un système électoral uninominal à majorité simple, le législatif peut facilement être monopolisé par un seul parti.

LA PROPRIÉTÉ DES MÉDIAS

En l'absence d'un régime d'aide financière directe, certains pays ont mis sur pied un système de surveillance des mouvements de propriété des organes d'information pour éviter que la fusion ou l'acquisition de médias ou leur concentration au sein de groupes de presse à tendance monopolistique, ne constitue une menace à la liberté de l'information.

Par exemple, en Grande-Bretagne, c'est la *Competition Commission* (qui remplace depuis 1999 la *Monopolies and Merger Commission*), organisme public indépendant, qui veille à ce qu'une saine concurrence soit maintenue entre les entreprises, y compris les entreprises de presse. Alors qu'au Canada les membres du CRTC sont choisis par le « gouverneur en conseil » qui, répétons-le, est une fiction politique recouvrant le chef du parti au pouvoir, en Grande-Bretagne, les 50 (oui !) membres de cette commission sont choisis par le secrétaire d'État après la tenue de mises en candidature libres (*after an open competition*), en fonction de leur expertise personnelle et de leur expérience diversifiée (*for their individual experience, ability and diversity of background*) et non comme représentants d'organisations, d'intérêts ou de partis politiques. Ce sont ces personnalités, issues de divers secteurs de l'activité humaine, qui examinent les transactions impliquant les entreprises et rejettent celles qui nuisent à la saine concurrence. La sous-commission chargée du secteur de l'information est composée de membres spécialistes des médias. Donc, en Grande-Bretagne, quel que soit le vocabulaire employé, la liberté de la presse invoquée habituellement chez nous pour justifier les acquisitions, fusions et concentrations de médias est soumise à un principe supérieur, celui de la saine concurrence (ce qui représente malgré tout un recul par rapport à ce qui existait avant 1999 où c'était le principe de l'intérêt public qui constituait le critère d'évaluation).

L'INDÉPENDANCE DES JOURNALISTES

Dans certains organes d'information, pour éviter que les propriétaires ou le service commercial d'une entreprise de presse n'interviennent dans le travail quotidien des journalistes, ces derniers se sont constitués en « sociétés de rédacteurs » qui ont négocié et conclu avec leur employeur une entente formelle garantissant leur indépendance professionnelle. Presque tous les organes d'information écrite français vivent sous ce régime. La Société des rédacteurs du quotidien *Le Monde*, fondée en 1951, détient 29 % du capital de l'entreprise et, un exemple entre plusieurs, elle a été consultée (et s'est prononcée en faveur) lors de la récente fusion du journal avec les publications de la *Vie catholique française*. En somme, il s'agit d'un régime qui est le contraire de ce qui existait en Allemagne nazie : la Société de rédacteurs protège la liberté professionnelle des journalistes, donc leur objectivité et, éventuellement, elle se permet d'influencer la liberté de presse du média, liberté de presse étant entendue comme il se doit, comme argument commercial ou arme politique (*cf.* plus haut 2.6)

Nous avons vu (*cf.* 4.7.4) que la clause de conscience, qui existe dans certains pays depuis un siècle, permet aux journalistes de protéger leur réputation et leurs « intérêts moraux » en cas de changement d'orientation du média pour lequel ils travaillent.

5.6 Les organes régulateurs actuels

Jusqu'en 1968, le monde journalistique québécois n'était pour ainsi dire pas structuré. Il existait des organisations patronales de quotidiens, d'hebdomadaires et de radiodiffuseurs et télédiffuseurs qui défendaient surtout les intérêts commerciaux des entreprises. Du côté des travailleurs de l'information, on comptait quelques syndicats revendiquant de meilleures conditions de travail mais sans préoccupations professionnelles. On avait aussi quelques cercles de journalistes comme le Montreal Press Club et le Cercle des journalistes du Saguenay, mais il s'agissait surtout de clubs sociaux. La seule organisation professionnelle digne de ce nom était l'Union canadienne des journalistes de langue française, mais ses congrès ne réunissaient que quelques dizaines de participants et on la disait moribonde.

LA FÉDÉRATION PROFESSIONNELLE DES JOURNALISTES DU QUÉBEC

Le 24 juin 1968, jour de la Saint-Jean-Baptiste et veille des élections législatives générales devant consacrer le triomphe électoral du premier ministre désigné Pierre Elliott Trudeau, la télévision de Radio-Canada diffusait en direct le traditionnel défilé de la Saint-Jean en prenant bien soin de ne pas montrer les manifestations indépendantistes et les opérations de police tentant de les contenir. Contrastant avec cette transmission édulcorée, le reportage du téléjournal qui suivait montrait les mouvements de foule, les charges et les bavures de la police, les arrestations musclées et l'émeute générale consécutive. Stupeur du public, indignation des élites, l'auteur du reportage (qui est aussi l'auteur de cet ouvrage) est vilipendé et interdit d'antenne pendant huit jours. Le 25 juin, grève de solidarité des employés de Radio-Canada, annulation de la traditionnelle soirée des élections à la télévision et, les jours suivants, suspension des employés ayant fait grève. Ce qui a déclenché un vaste mouvement d'appui et une prise de conscience parmi l'ensemble des journalistes québécois.

Constatant son inefficacité, l'Union canadienne des journalistes de langue française décide de se saborder mais d'organiser une campagne pour provoquer en 1969 la fondation de la Fédération professionnelle des journalistes du Québec. La FPJQ s'est dotée d'une charte déontologique puis d'un guide déontologique et a toujours défendu avec ardeur la profession journalistique. Rejetant toute idée de contrôle quel qu'il soit, elle s'oppose avec non moins d'ardeur à sa transformation en ordre professionnel qui la soumettrait aux exigences légales régissant ces organismes, et, comme nous l'avons déjà souligné, elle s'accroche encore au vieux principe de la liberté de presse qui, nous croyons l'avoir démontré, non seulement ne garantit nullement la liberté de l'information et l'exercice du droit à l'information mais leur serait plutôt contraire.

LES CONVENTIONS COLLECTIVES

Depuis les années 1980, la plupart des syndicats de journalistes, notamment ceux qui sont affiliés à la Fédération nationale des communications (Confédération des syndicats nationaux) ont fait inclure dans leurs conventions collectives des clauses dites professionnelles. Ces clauses :

- établissent les principes de droit à l'information et de liberté de l'information ;
- tempèrent la liberté de presse de l'éditeur en assurant aux journalistes une protection contre les pressions internes à caractère politique ou commercial et contre les pressions externes (protection des sources, aide en cas d'assignations à comparaître ou de poursuites) ;
- imposent aux journalistes le respect des règles déontologiques courantes.

Sauf que les conventions collectives ne sont pas toujours respectées par les employeurs, à preuve tous les griefs syndicaux, qu'elles sont des ententes renégociables périodiquement, conditionnées par le rapport de force patronat-syndicat et par les circonstances et, enfin, qu'elles ne concernent que les deux parties impliquées et indirectement leur public particulier mais, en aucune façon, l'ensemble de la société et la législation qui la régit.

LES OMBUDSMANS DES MÉDIAS

Les grands médias mettent à la disposition de leurs journalistes un guide sur les normes et pratiques journalistiques. Certains se sont dotés d'un ombudsman de l'information qui, théoriquement, est censé répondre aux doléances du public mais qui sera toujours soupçonné de défendre la réputation de l'entreprise. C'est d'ailleurs la question que pose Marc-François Bernier (2005) à propos de celui de Radio-Canada : « Protecteur du public ou des journalistes ? »

Il est impossible de résumer dans le cadre de cet ouvrage toute l'affaire Gilles Néron, relationniste. Bornons-nous à mentionner que, après la diffusion d'un reportage par la Société Radio-Canada, Gilles Néron, voulant rétablir des faits erronés le concernant, s'est adressé à ses auteurs qui, non seulement ne lui ont pas accordé de droit de réponse, non seulement n'ont pas vérifié la véracité des faits diffusés, mais ont alors de surcroît diffusé un second reportage mettant en cause son intégrité. À la suite d'une plainte officielle, l'ombudsman de Radio-Canada a justifié le travail des journalistes concernés sur presque toute la ligne sauf à reconnaître que les éléments retenus par eux « donnaient à l'émission une allure de règlement de comptes qui n'a pas sa place à Radio-Canada ». C'est tout de même sur cette petite phrase de l'ombudsman que la Cour suprême du Canada, contredisant les instances inférieures, s'est basée pour accorder à Gilles Néron des dommages de plus d'un million de dollars. Ce qui ne remplace pas une réputation ternie ni une carrière brisée. Et ce qui n'a pas empêché les auteurs du reportage, appuyés par la Fédération professionnelle des journalistes du Québec, de dénoncer le jugement de la Cour suprême comme constituant, d'après eux, un dangereux précédent menaçant la liberté de la presse tant est encore grande dans les esprits la confusion entre le concept de liberté de la presse et ceux de liberté de l'information et de droit à l'information.

LE CONSEIL DE LA RADIODIFFUSION ET DES TÉLÉCOMMUNICATIONS CANADIENNES

L'Association québécoise des radiodiffuseurs et télédiffuseurs, bien qu'elle se soit dotée elle aussi d'une charte déontologique, est plus un organisme de défense d'intérêts corporatifs dont l'objectif est de protéger les acquis sur le plan commercial.

Heureusement, radiodiffuseurs et télédiffuseurs relèvent de la juridiction fédérale et plus particulièrement de l'autorité du Conseil de la radio et des télécommunications canadiennes (CRTC) qui, en plus d'émettre les licences et de faire respecter la politique gouvernementale de radiotélévision, reçoit les plaintes concernant le contenu et éventuellement sanctionne les manquements. Nous avons vu que, même s'il avait toléré de tels manquements pendant sept ans, le CRTC s'est opposé au renouvellement de la licence de CHOI-FM Québec en raison de « la gravité et de la fréquence des infractions [car il] doit veiller à l'intégrité du régime d'attribution des licences et au droit du public de recevoir une programmation conforme à la *Loi* et à la réglementation. Il ne peut permettre la diffusion de propos offensants [et] à quiconque d'utiliser les ondes publiques pour poursuivre ses propres objectifs sans égard aux droits des autres».

LE CONSEIL DE PRESSE DU QUÉBEC

Le Conseil de presse du Québec a été fondé en 1973 à l'initiative conjointe des journalistes et des dirigeants de médias. C'est un organisme privé sans but lucratif constitué de sept membres représentant les journalistes, de sept membres représentant les dirigeants de médias et de sept membres représentant le public, cooptés par les quatorze premiers après un appel de candidatures; leur mandat est de deux ans renouvelable deux fois et ce sont eux qui choisissent un président parmi le public. C'est un organisme à adhésion volontaire et certains médias refusent d'en faire partie. Le Conseil de presse du Québec a un objectif double: «assurer le droit à une information libre, honnête, véridique et complète sous toutes ses formes [et] aussi comme fin principale la protection de la liberté de la presse, c'est-à-dire le droit pour toute la presse d'informer et de commenter, sans être menacée ou entravée dans l'exercice de ses fonctions par quelque pouvoir que ce soit».

Le Conseil de presse juge les plaintes de «quiconque estime être victime ou témoin d'une atteinte à la liberté de la presse ou au droit du public à l'information»; il n'est pas un tribunal civil, il «ne possède aucun pouvoir judiciaire, réglementaire, législatif ou coercitif; il n'impose aucune autre sanction que morale». Il a jugé plus d'un millier de plaintes depuis sa fondation. Malheureusement, comme il n'a aucun pouvoir coercitif, plusieurs plaintes ne sont suivies d'aucun effet. Ainsi, malgré les nombreuses protestations auprès du Conseil de presse contre lui, l'animateur André Arthur qui sévissait sur les ondes d'une station privée de Québec, n'en continuait pas moins de faire ses déclarations jugées diffamatoires; il n'a été réduit au silence qu'en 2006 après une poursuite en libelle diffamatoire de plus de mille chauffeurs de taxis d'origine haïtienne et arabe à qui il a dû verser des dommages et intérêts de 220 000 dollars. Interdit d'antenne presque partout et sans emploi, pour payer ses dettes, André Arthur a réussi à se faire élire en janvier 2006 député indépendant aux Communes.

Le Conseil de presse du Québec est aussi un lieu de réflexion et de débat et il publie chaque fois que le besoin s'en fait sentir des consignes déontologiques, des opinions, remontrances et revendications destinées à améliorer le processus informationnel.

Il existe près de 60 conseils de presse ou organismes assimilés dans le monde mais, quoi qu'il en soit de leur intégrité et de leur pouvoir, le Conseil de presse du Québec est souvent cité en exemple comme étant l'un des rares qui fonctionnent. Son efficacité comme organe régulateur est toutefois limitée puisque, outre son sous-financement chronique et le fait que certains médias refusent d'y adhérer, ses condamnations répétées de certains postes et animateurs de radio outrepassant les règles de la simple bienséance sont demeurées sans effet.

5.7 Un projet de cadre institutionnel idéal

L'opposition de la Fédération professionnelle des journalistes du Québec à sa transformation en ordre professionnel par crainte de tomber sous le contrôle du gouvernement est compréhensible. Tant que nous vivrons avec un système électoral basé sur le principe du scrutin uninominal avec majorité simple, nous risquerons de nous retrouver dans un régime où un parti bénéficiant d'une majorité parlementaire minime pourra gouverner de manière dictatoriale avec seulement 30 à 40 % d'appuis populaires. Cela s'est vu.

Mais même en l'absence d'un système de représentation proportionnelle, malgré le caractère bicéphale du Canada et les conflits de juridiction permanents entre Ottawa et les provinces, l'État du Québec peut être organisé de manière à respecter les principes de la démocratie informationnelle. Dans ses champs de compétence, il possède déjà un certain nombre de lois fondamentales et il a le pouvoir de se doter d'autres lois fondamentales qui, si elles étaient rassemblées en un tout cohérent, constitueraient une authentique constitution.

5.7.1. Reconnaissance constitutionnelle du droit à l'information

Rappel (*cf.* 5.1) : La Charte des droits et libertés de la personne existe et il suffirait de déplacer la proclamation du droit à l'information du chapitre des droits économiques et sociaux dans le premier chapitre consacré aux libertés et droits fondamentaux et de l'assortir d'une définition pour le rendre applicable. Il suffirait de faire la même chose avec le principe de la liberté de l'information.

5.7.2. Loi-cadre de l'information

C'était l'une des recommandations du rapport du Comité conseil sur la qualité et la diversité de l'information, présidé par Armande Saint-Jean, ancienne journaliste devenue professeur à l'Université de Sherbrooke. Ce rapport, soumis en janvier 2003 à la ministre de la Culture de l'époque, recommandait de réunir toutes les mesures législatives existantes ou à venir concernant l'information dans un même texte couvrant, outre le problème de la concentration des entreprises de presse, l'ensemble des aspects de l'information. Mais non seulement le document est tombé dans le ventre mou de l'administration gouvernementale, non seulement la ministre s'est contentée d'évoquer la possibilité d'instituer un organisme de « vigie », mais le gouvernement qui avait commandé l'étude a perdu le pouvoir peu après. Depuis, rien.

Pourtant, les gouvernements successifs du Québec n'ont pas hésité à légiférer dans les domaines de la santé, de l'éducation, de l'environnement et de la consommation pour consolider toutes les lois et dispositions réglementaires existantes en ensembles cohérents capables de faciliter et de garantir du même coup le caractère démocratique de leur application dans le respect de l'intérêt public.

La loi-cadre de l'information devrait porter garantie constitutionnelle, donc être adoptée par vote libre à majorité des deux tiers, et prévoir les différents organismes régulateurs et leur financement indépendant de l'Assemblée nationale pour éviter toute possibilité d'ingérence politique partisane. Des modèles de financement existent : en Suède, l'aide à l'information est votée par le Parlement distinctement du budget et, aux Pays-Bas, ce financement est assuré par des fondations. La loi-cadre rassemblerait tous les textes pouvant assurer la liberté du processus informationnel, conformément aux principes du droit et de liberté proclamés et définis dans la Charte, ainsi que la viabilité économique des moyens d'information. Ce qui implique :

- la publicité des actes et des dossiers du gouvernement et de son appareil, à l'exception de ceux concernant les affaires diplomatiques et intergouvernementales et la sécurité collective ;
- la publicité des actes et des dossiers législatifs sans exception ;
- la publicité des actes et des dossiers de la justice, à l'exception des détails pouvant nuire à la vie future des jeunes délinquants et au droit à une justice pleine et entière des justiciables ;

- la publicité des actes et des dossiers de l'administration publique, à l'exception des détails portant atteinte au droit à l'intimité des administrés et des questions de police dont la divulgation mettrait en danger la sécurité des personnes et des biens ;
- la publicité des actes et des dossiers de l'industrie et du commerce, à l'exception de ceux dont la divulgation nuirait à l'équilibre économique de la collectivité ;
- l'obligation d'informer de façon complète et compréhensible le public consommateur de biens et services ;
- la publicité des faits et des actes de la vie privée ayant une incidence sur la vie collective, à l'exception de ceux dont la divulgation porterait atteinte au droit de l'individu à l'intimité et à la dignité ;
- la protection des sources d'information et du matériel journalistique ;
- la protection des divulgateurs d'actes répréhensibles tant dans le domaine public que dans le domaine privé ;
- l'évaluation de la pertinence des assignations à comparaître faites aux journalistes ;
- la surveillance et la réglementation des mouvements de propriété des entreprises de presse dans le but d'assurer la liberté et la qualité du processus informationnel ;
- la condamnation des actes délictueux visant à empêcher les médias et les journalistes d'assurer leur rôle d'information ;
- le jugement des manquements à l'éthique professionnelle des médias et des journalistes ;
- l'évaluation de l'efficacité des moyens de rétro-information et leur facilitation ;
- l'évaluation de toutes actions ayant une incidence sur la liberté de l'information ;
- la reconnaissance de service public des moyens d'information et l'élaboration d'un statut particulier assurant leur viabilité économique et leur indépendance vis-à-vis les pouvoirs exécutif et législatif.

5.7.3. Le Conseil supérieur de l'information

Ce conseil serait l'organisme régulateur suprême du processus informationnel sous tous ses aspects. La régulation étant comprise non pas comme l'établissement du contrôle d'un système de façon à obtenir un ordre donné et figé mais comme la mise en place d'un dispositif nécessaire au fonctionnement dynamique et évolutif de ce système. Les exemples d'organismes semblables ne manquent pas, que ce soit à l'étranger ou chez nous : le Conseil supérieur de l'éducation et l'Office de protection du consommateur. Le Conseil supérieur de l'information devrait être l'émanation de la profession, tant des dirigeants des médias que des journalistes, assurer une représentation adéquate du public notamment des secteurs concernés par l'information autre que médiatique, accepter la présence indispensable de l'État par sa branche judiciaire en raison de l'indépendance du judiciaire par rapport à l'exécutif et au législatif. Il devrait devoir son existence à une loi à valeur constitutionnelle et avoir juridiction sur tous les secteurs, tous les aspects et tous les niveaux du phénomène information.

En conséquence, la composition du Conseil supérieur de l'information s'inspirerait de celle de l'actuel Conseil de presse du Québec avec adjonction de deux représentants de la justice. Autre modèle, le Conseil d'administration de l'Agence France-Presse : 10 représentants des entreprises de presse, 2 représentants du personnel de l'AFP et 3 représentants de ministères, ces derniers étant donc minoritaires de façon à éviter toute possibilité de contrôle gouvernemental. Ses membres pourraient être désignés par les organisations représentées au Conseil ou élues comme cela se fait pour les commissions scolaires. Il aurait pour objectif de faire appliquer les différentes stipulations de la loi et d'arbitrer les conflits ; il serait le seul habilité à déterminer les limitations à la liberté de l'information dans chaque cas d'exception et à juger les cas de violations de cette même liberté conformément à la Loi de l'information. Le Conseil supérieur de l'information serait assisté d'un Comité des plaintes et de déontologie, chargé de recevoir et de juger toute plainte concernant l'application de la Loi de l'information, d'un Comité de surveillance de la propriété des médias, chargé de veiller à ce que la concentration des entreprises d'information ne nuise pas au processus informationnel, d'un Comité de la confidentialité chargé de décider de la publication ou de la non-publication de certaines informations. Accessoirement, l'un de ces comités pourraient coordonner les initiatives des collèges et des universités qui chaque année produisent plus de diplômés en journalisme qu'il n'y a d'emplois disponibles.

5.7.4. Loi-cadre modèle ou Code de l'information

Nous proposons une loi-cadre modèle ou Code de l'information qui serait une synthèse de ce qui existe déjà ici et ailleurs. Rares sont les pays qui se sont dotés d'un tel outil. Comme l'ont constaté nombre de chercheurs et spécialistes

> [...] bien qu'on en trouve cependant différentes modalités d'application ou de mise en œuvre [...] le principe du droit à l'information [ne] fait que très rarement l'objet d'une formulation explicite [...] Il ne peut prétendre à une véritable existence et à une quelconque reconnaissance que si l'on est en mesure de se référer à quelques principes clairs. Ceux-ci doivent ou devraient en constituer le fondement, en déterminer le but et la fonction, être susceptible de lui donner un peu de cohérence et de servir de critères d'interprétation et d'application (Derieux, 2008, p. 37).

Le Maroc possède depuis quelques années une Constitution qui « garantit à tous les citoyens [...] la liberté d'opinion, la liberté d'expression sous toutes ses formes » et un *Code de la presse* qui souligne à l'article I que « La liberté de publication des journaux, de l'imprimerie, de l'édition et de la librairie est garantie. **Les citoyens ont droit à l'information** [en gras dans le texte] ». Ces documents semblent correspondre à ce vœu, au moins sur le papier car, en dépit de la volonté exprimée et des efforts du roi Mohamed VI de véritablement moderniser et démocratiser son royaume, nous avons pu constater sur place que la culture de ce pays dans le domaine des droits et libertés est encore tributaire de l'autoritarisme et de l'arbitraire qui avaient caractérisé le régime du monarque précédent Hassan II.

Notre projet, malgré et en raison même de son caractère à la fois simpliste et radical, pourrait à tout le moins servir de base de discussion en vue d'établir enfin ce quatrième Pouvoir dont parlait Edmund Burke il y a plus de deux siècles.

LOI SUR L'INFORMATION

Définitions : dans la présente loi, les termes

- information : renseignement(s) sur quelque chose ou quelqu'un d'actualité ou non, porté(s) à la connaissance du public par quelque moyen que ce soit.
- moyen d'information : tout mode, dispositif ou support permettant la communication des informations, y compris les médias journalistiques et les journalistes.

Étant donné l'attachement de la nation du Québec aux droits et libertés naturels et fondamentaux de la personne et de la collectivité,

Étant donné que le droit à l'information est le droit naturel et fondamental de l'individu et de la collectivité de savoir et de faire savoir ce qui se passe et que l'on a intérêt à connaître,

Étant donné que la liberté de l'information est la liberté fondamentale de l'individu et de la collectivité de chercher à savoir, de savoir et de faire savoir ce qui se passe et que l'on a intérêt à connaître et qu'elle est le facteur déterminant de l'évolution harmonieuse de la société,

Étant donné que les moyens d'information assurent un service public,

Étant donné que l'intérêt public repose sur le bien-être et la sécurité en devenir à la fois psychologique et matérielle des individus et de la collectivité québécoise,

La présente loi a pour objectif de faciliter le respect et l'exercice du droit à l'information et de la liberté de l'information en conformité avec l'intérêt public de la nation québécoise.

1. Toute personne a le devoir de divulguer, en vue de sa publication, toute information orale ou documentaire d'intérêt public.
2. Toute personne divulguant, en vue de sa publication, toute information orale ou documentaire d'intérêt public a droit à l'anonymat et à la protection de la loi si cela est nécessaire à la divulgation de ladite information.
3. Aucune action policière, judiciaire, administrative ou autre ne peut être prise contre toute personne divulguant ou ayant divulgué, en vue de sa publication, une information orale ou documentaire d'intérêt public, du fait de cette divulgation.

4. Toute personne et/ou tout moyen d'information recueillant, traitant et publiant une information orale ou documentaire d'intérêt public, ou l'ayant fait, a le devoir de respecter l'anonymat de la personne ayant fait la divulgation si l'anonymat est demandé.
5. Toute violation de l'anonymat de la personne ayant fait la divulgation, contre le gré de ladite personne, constitue un acte délictueux passible de sanctions.
6. Toute personne et/ou tout moyen d'information recueillant, traitant et publiant une information orale ou documentaire d'intérêt public a droit à la protection de la loi si cela est nécessaire pour recueillir, traiter et publier ladite information.
7. Aucune action policière, judiciaire, administrative ou autre ne peut être prise contre toute personne et/ou tout moyen d'information recueillant, traitant et publiant, ou ayant recueilli, traité et publié toute information orale ou documentaire d'intérêt public, du fait de la publication de ladite information.
8. Aucune action policière, judiciaire, administrative ou autre ne peut être prise concernant le matériel de communication servant, ou ayant servi à recueillir, traiter et publier une information orale ou documentaire d'intérêt public.
9. La protection prévue par cette loi s'étend aux locaux professionnels et aux domiciles privés des personnes concernées.
10. Tout mouvement de propriété, acquisition, fusion ou autre des moyens d'information doit respecter le droit à l'information et la liberté de l'information.
11. Il est créé un Conseil supérieur de l'information ayant pour rôle de veiller à l'application de la présente loi.
12. Le Conseil supérieur de l'information est composé de vingt-deux membres dont sept représentants des propriétaires et dirigeants des moyens d'information, sept représentants des journalistes, cinq représentants du public cooptés par les quatorze premiers et choisis parmi les organisations sociales représentatives et deux représentants du ministère de la Justice. Ces vingt-et-un membres choisissent à la majorité des deux tiers un président en raison de son expérience dans le domaine de la communication et de sa réputation d'intégrité.
13. Le Conseil supérieur de l'information est souverain et ne reçoit aucune directive ou ordre du gouvernement du Québec. Il est financé par les revenus d'une fondation créée à cet effet par l'Assemblée nationale du Québec et par une subvention statutaire établie par l'Assemblée nationale par vote libre à majorité des deux tiers et indépendante du budget annuel de l'État.

14. Le Conseil supérieur de l'information désigne un Comité des plaintes, un Comité de la déontologie, un Comité du statut des moyens d'information et un Comité de la confidentialité.
15. Le Comité des plaintes est chargé de recevoir et de juger tout litige relevant de la présente loi. Il est habilité à transférer les plaintes représentant une violation des codes criminel et civil aux tribunaux appropriés. Il est composé de six membres, soit deux représentants des moyens d'information, deux représentants des journalistes, deux représentants du public et un représentant du ministère de la Justice.
16. Le Comité de déontologie est chargé de veiller au respect des principes d'éthique professionnelle par les moyens d'information et les journalistes et de proposer des changements aux pratiques journalistiques en conformité avec les principes déontologiques. Il est composé de deux représentants des moyens d'information, de deux représentants des journalistes et de deux représentants du public.
17. Le Comité du statut des moyens d'information est chargé de veiller à la viabilité économique des moyens d'information et d'approuver les changements apportés à leur propriété en vue d'assurer une pleine et entière liberté de l'information des publics concernés. Il est composé de deux représentants des moyens d'information, de deux représentants des journalistes, de deux représentants du public et d'un représentant du ministère de la Justice.
18. Le Comité de la confidentialité est chargé de déterminer quelles informations doivent demeurer confidentielles pour assurer le respect et le libre exercice des droits et libertés fondamentaux de l'individu et de la collectivité ainsi que le respect de l'intérêt public, plus précisément dans les domaines des relations intergouvernementales, de la sécurité des personnes et de la collectivité et des enquêtes policières. Il est composé de six membres, soit deux représentants des moyens d'information, deux représentants des journalistes et deux représentants du public. Ses avis n'ont pas de caractère exécutoire.
19. Tout litige découlant de l'application de la présente loi ou de toute autre loi concernant l'information doit d'abord être soumis au Conseil supérieur de l'information qui décide de la manière dont il doit être arbitré.

CONCLUSION

Ésope disait : « La langue est la meilleure et la pire des choses. » De même pourrait-on dire : « L'information est la meilleure et la pire des choses » selon qu'elle est libre ou non.

Le « village global » prévu par Marshall McLuhan (1968a) dès 1962 est réalisé. Grâce aux nouvelles technologies de communication, de notre salon, sur une simple pression du doigt, nous pouvons instantanément savoir ce qui se passe dans le monde entier même si nous n'en avons pas vraiment besoin. L'information n'est pas encore devenue la principale industrie, comme le prévoyait McLuhan, mais nous vivons tout de même dans ce qu'il appelait « la galaxie Marconi ».

Cette évolution technologique va d'ailleurs de pair avec l'évolution de l'économie mondiale dont elle est à la fois l'une des causes et l'un des effets. Les grandes organisations, qu'elles soient privées, à but lucratif, sans but lucratif, parapubliques ou gouvernementales, sont, comme toutes les organisations vivantes, animées par une dynamique interne inexorable qui les pousse à se développer sans cesse et à occuper de nouveaux territoires. Au détriment parfois d'intérêts individuels, locaux, régionaux ou nationaux et malgré l'existence de mécanismes de régulation et de contrôle. Les opérations boursières se font à la vitesse de la lumière, par-delà les frontières et les océans, à travers les fuseaux horaires, au nez et à la barbe des agences nationales de surveillance des transactions mobilières, créant ainsi une économie virtuelle n'ayant aucun rapport avec la réalité. De même, les mouvements de propriété des grandes entreprises multinationales, leur implantation ici ou là, la délocalisation ou la fermeture de leurs succursales, sont effectuées malgré les instances nationales qui, impuissantes, sont la plupart du temps mises devant des faits accomplis.

Parallèlement, on assiste à une exacerbation, non plus des rivalités entre blocs de nations aux idéologies politiques et aux systèmes économiques opposés comme pendant la guerre froide, mais entre des blocs culturels aux conceptions du monde et de l'homme et aux spiritualités antagonistes et radicalisées. À quoi s'ajoute l'apparition de difficultés nouvelles, essentiellement liées à l'évolution du climat terrestre, aux conséquences géographiques, écologiques, sociales et économiques imprévisibles, longtemps niées par ceux qui détiennent le pouvoir politique et économique mais qui concernent non plus seulement une partie du monde mais l'ensemble de l'humanité.

Devant cette situation, pour galvaniser l'opinion et justifier leurs actions, nos dirigeants ne semblent pas avoir trouvé de meilleure solution que d'adopter la culture d'une psychose de la peur comme stratégie de gouvernement. On ensemence des faits ou des idées, terrorisme, épidémies, etc., réels, exagérés, voire inventés, on les développe et on les entretient jusqu'à maturité par une information dirigée adéquate de façon à contrôler l'opinion publique. Ce qui ne peut se faire qu'avec la complicité active ou passive des moyens d'information.

Médias et journalistes sont eux-mêmes victimes de cette vague, soit qu'ils y consentent parce que cette information correspond à une structuration cérébrale préexistante les ayant amputés de tout esprit critique, soit qu'ils soient pris dans une situation qui les dépasse, qui dépasse leurs moyens et qui, engendrant un sentiment d'impuissance et d'inutilité, annihile tout esprit critique. Nous sommes en pleine ère d'enfermement et d'unidimensionnalité au sens marcusien de ces termes.

La civilisation informationnelle dont nous nous targuons ne sera civilisation que si elle repose sur la démocratie informationnelle. La démocratie étant une lutte de tous les instants à tous les niveaux, la seule façon efficace de se défendre contre ces tendances globalisantes d'uniformisation et d'annihilation passe par une prise de conscience puis par une action débouchant sur une réforme de nos valeurs et de nos institutions aux plans local, régional et national. Affirmer la primauté du droit à l'information et de la liberté de l'information ne devrait pas rebuter un peuple qui a déjà conquis de haute lutte le droit d'exister et de s'exprimer dans sa langue. Le

Québec a les moyens légaux de se doter d'institutions capables d'assurer cette démocratie informationnelle. Sans quoi, sa destinée sera celle du mouton de Jean-Baptiste.

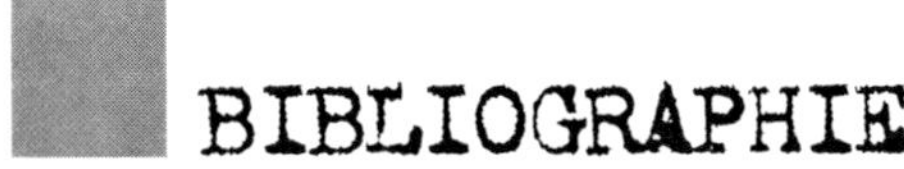

BIBLIOGRAPHIE

Assemblée nationale du Québec, Commission de la culture (2001). *Mandat sur la concentration de la presse*, Québec, Gouvernement du Québec, novembre.

Bernier, Marc-François (2005). *L'ombudsman de Radio-Canada*, Québec, Les Presses de l'Université Laval.

Bouthillier, Bertrand et Gérard Outrequin (2006). *Neuro-anatomie fonctionnelle*, site Web, <http://www.anatomie-humaine.com/Neuro-Anatomie-fonctionnelle.html>.

Conseil de presse du Québec (1985). *Droits et responsabilités de la presse*, Montréal, Conseil de presse du Québec.

Danten, Charles (1999). *Un vétérinaire en colère*, Montréal, VLB Éditeur.

Delaunay, Albert (1972). « La Franc-maçonnerie », *Humanismes*, nos 92-93, mars-avril.

Derieux, Emmanuel (2008). *Droit des médias*, 5e éd., Paris, LGDJ.

de Lagrave, Jean-Paul (1980). *Histoire de l'information au Québec*, Montréal, La Presse.

de Virieu, François-Henri (1992). *La médiacratie*, Paris, Flammarion.

Devirieux, Claude Jean (1971). *Manifeste pour la liberté de l'information*, Montréal, Éditions du Jour.

Emerson, Thomas I. (1970). *Toward a General Theory of the First Amendment*, New York, Random House.

Émery, Claude (1994). *Les sondages d'opinion au Canada*, Ottawa, Bibliothèque du Parlement.

Folliet, Joseph (1969). *L'information moderne et le droit à l'information*, Lyon, Semaines sociales de France.

Fournier, André (1992). *Les nouveaux messagers*, Montréal, Éditions du Méridien.

Fournier, Louis (1998). *FLQ, Histoire d'un mouvement clandestin*, Montréal, Lanctôt Éditeur.

Harlow, J.M. (1868). « Lesions of the Frontal Association Cortex : Deficits of Planning », *Publications of the Massachusetts Medical Society,* n° 2, p. 339-340.

Helmut, Heiber (1966). *Goebbels*, Paris, Presses de la Cité.

Hohenberg, John (1971). *Free Press, Free People : The Best Cause*, New York, Columbia University Press.

Kandel, Éric (2007). *À la recherche de la mémoire. Une nouvelle théorie de l'esprit,* Paris, Odile Jacob.

Keysers, Christian (2008). *BCN Neuroimaging Center, NIC, University Medical Center Groningen* sur Internet). Site Web : <http ://www.bcn-nic.nl/>.

Kaspi, André (1993). *Le Watergate*, Paros, Éditions Complexe.

Laborit, Henri (1968). *Biologie et structure*, Paris, Gallimard.

Laborit, Henri (1970a). *L'homme imaginant*, Paris, Union générale d'éditions.

Laborit, Henri (1970b). *L'agressivité détournée*, Paris, Union générale d'éditions.

Laborit, Henri (1973). *Société informationnelle*, Paris, Éditions du Cerf.

Lagrave, Jean-Paul de (1980). *Histoire de l'information au Québec*, Montréal, La Presse.

Levitt, D. Stephen et Stephen J. Dubner (2006). *Freakonomics*, Paris, Éditions Denoël.

Lipman, Walter (1965). *Public Opinion*, New York, The Free Press.

Maler, Henri (2005). *Droit à l'information et droit d'informer*, ACRIMED.

Malson, Lucien (2002). *Les enfants sauvages*, Paris, Éditions 10-18.

Marcuse, Herbert (1968). *L'homme unidimensionnel*, Paris, Éditions de Minuit.

McLuhan, Marshall (1968a). *La galaxie Gutenberg*, Paris, Éditions du Seuil.

McLuhan, Marshall (1968b). *Pour comprendre les médias*, Montréal, Éditions HMH.

Muhlman, Géraldine (2004). *Une histoire politique du journalisme*, Paris, Presses universitaires de France.

Ockrent, Christine (1997). *La liberté de la presse*, Toulouse, Éditions Milan.

Organisation de coopération et de développement économiques (2002). *Comprendre le cerveau, vers une nouvelle science de l'apprentissage*, Genève, OCDE.

Pagé, Pierre (2007). *Histoire de la radio au Québec*, Montréal, Fides.

Prujiner, Alain et Florian Sauvageau (dir.) (1986). *Qu'est-ce que la liberté de presse ?*, Montréal, Boréal.

Puddephatt, Andrew (2004). *The Right to Information : Practical Guidance Note*, Genève, Programme des Nations Unies pour le développement.

Ramonet, Ignacio (1999). *La tyrannie de la communication*, Paris, Éditions Galilée.

Saint-Jean, Armande (2002). *Éthique de l'information*, Montréal, Les Presses de l'Université de Montréal.

Sites web de la Fédération internationale des journalistes, National Coalition Against Censorship, Reporters sans frontières.

SORMANY, PIERRE (2000). *Le métier de journaliste*, Montréal, Boréal.

TRUDEL, PIERRE *et al.* (1981). *Le droit à l'information*, Montréal, Presses de l'Université de Montréal.

TRUDEL, PIERRE (1992). *Droit à l'information et vie privée*, Montréal, Éditions Thémis.

TRUDEL, PIERRE (1996). *L'intérêt public, principe du droit à la communication*, Paris, Éditions Victoires.

VOYENNE, BERNARD (1970). *Le droit à l'information*, Paris, Éditions Aubier-Montaigne.

WIENER, NORBERT (1948). *Cybernetics or Control and Communication in the Animal and the Machine*, New York, MIT Press.

SITES WEB

Fédération internationale des journalistes
<http ://fr.wikipedia.org/wiki/F%C3%A9d%C3%A9ration_internationale_des_journalistes>

Greene, Joshua
<http ://www.wjh.harvard.edu/~jgreene/>

Haidt, Jonathan
<http ://people.virginia.edu/~jdh6n/>

National Coalition Against Censorship
<http ://www.ncac.org/home.cfm>

Reporters sans frontières
<http ://www.rsf.org/>

INDEX

A

B

C

D

E

L

M

N-O

P

Q

R

S

T

U-V

W-Y-Z